D1717814

Der schmunzelnde Poet

Komische Gedichte

Herausgegeben von Jan-Eike Hornauer

CBN

Candela Verlag

Der schmunzelnde Poet
Komische Gedichte

Erschienen im Candela Verlag

Postfach 1145 | 71398 Korb

www.candelaverlag.de

1. Auflage, 2013

ISBN 978-3-942635-16-5

Umschlaggestaltung: Werbeatelier Bad Honnef

Layout und Satz: Werbeatelier Bad Honnef

Lektorat: Jan-Eike Hornauer

Printed in Germany

Gedruckt auf umweltfreundlichem, chlor- und

säurefrei gebleichtem Papier

M. C. Bertram

Die Inschrift

Bedeckt von einer Schicht aus Ton,
da fanden sich als Manifeste
antiker Zivilisation
von einem Schriftzug Überreste.

Tief eingeritzt in alte Steine,
vor langer Zeit ein Mauerbogen,
gar rätselhafter Lettern Reime.
Zur Freude von Archäologen.

Gereinigt, digital belichtet,
im Internet weltweit versandt,
befragt man Forscher zielgerichtet:
Hat irgendwer die Schrift erkannt?

Erfolgreich Babelfish gestartet,
ward frohe Kunde bald vernommen:
Sehr lange habe ich gewartet,
doch leider bist du nicht gekommen.

Bärbel Wolfmeier

Bed-Sharing

Da ruht sie, räkelt sich auf meinem Laken;
streckt beide Arme fordernd nach mir aus.
Ich möchte schlafen, doch das hat den Haken:
Es ist zu eng und einer muss hier raus.

»Mach Platz, du Schatz, es wird nichts aus uns beiden.
Rück weg und lass mich heute Nacht in Ruh.«
Wir sind als Paar nicht wirklich zu beneiden.
Ich schließe meine Augen, mach sie zu.

So robbt sie widerwillig hin zur Kante
des Bettes, das für einen nur gemacht.
Doch ich, obwohl ich sie dorthin verbannte,
könnt' schwören, dass sie sich ins Fäustchen lacht.

Und hört ihr mich laut seufzen, so verzeiht:
In meinem Bett liegt Fräulein Einsamkeit.

Des Mannes größte Freude

Des Mannes größte Freude ist,
wenn unberührt und duftend frisch
sie vor ihm liegt auf seinem Tisch.

Dann nimmt er sie mit Fingerspitzen,
beäugt versunken Blatt um Blatt,
und niemals hat er sie je satt,
von Politik bis zu den Witzen.

Genüsslich zelebriert er tonlos
dies morgendliche Ritual.
Wer bei ihm ist, ist ihm egal.

Der unbemerkten Frau Gemahlin
ist die Gazette stets ein Dorn
im Auge. Außer sich vor Zorn
greift sie zur Schwester der Rivalin,

nach einer Schrift, die nur »Für Sie«.
Nun raschelt Eintracht hinter Seiten.
Wer liest, dem fehlt die Zeit zum Streiten.

Nassrasur

pffffft
ptsch, ptsch, ptsch
schrrrrrrrrrrrrrrrrb
schrrrrrrrrrrrrrrrrb
schrrrrrrrrrrrrrrrrb
klpf, klpf
pssssssssssflb
scrrrrt
scrrrrt
scrrrrt
klpf, klpf
pssssssssssflb
schrrrrrrrrrrrrrrrrb
schrrrrrrrrrAUTSCH
vrflxt

Steve Kußin

Rollkragen in der Diskothek

Beschützer:
Dort stehen sie! Sie sollen nicht rein, sie wollen nicht raus.
Dort! Sehen Sie: Sie sehen nicht ein, sie sehen nicht aus.

Besitzer:
So nutzen Sie Ihr Können doch aus bei diesen Banausen,
und putzen Sie die beiden heraus, ansonsten nach draußen!

Lied an die Erben

Was ist, wenn dich der Unfalltod
des Vaters heute selbst bedroht
und du, weil du so schnell verkehrst,
schon bald wie er zum Himmel fährst?

Was ist, wenn an dem Helme klopft
der Tod, von dessen Kleidung tropft
das kühle Nass, und schwimmt davon,
denn du bist Perlentauchersohn?

Was ist, wenn deine Lunge braucht
die Pfeife jeden Tag, wenn raucht
statt seines Vaters nun das Kind,
weil Väter meinungsbildend sind?

So höre, was ich sagen will
zu dir, mein Sohn: Halt bloß nicht still
an deines Vaters Vorbild fest,
weil dich sein Tod nicht siegen lässt.

Und Ruhe ist nicht, guter Sohn,
nur Reue ist des Lebens Lohn.
So lebe, wenn du willst, bedroht,
doch sterbe deinen eignen Tod!

Wolfgang Christl

Windräder

Was steht ihr faul herum
Keine Bewegung
Dreht euch
Macht Wind

AI-Strand

Liegen
Ein Drink
Schwimmen
Ein Drink
Liegen
Ein Drink
Sport
Ein Drink
Liegen
Ein Drink
Mittagessen
Ein Drink
Siesta
Ein Drink
Leber
Du armes Luder

Horst Decker

Der Traum vom Ferienhaus

Ein Ferienhaus, das ist mein Traum
seit meiner Jugendzeit,
ein kleines Haus an einem Baum,
nun wird er Wirklichkeit.

Doch will wer bauen noch so klein
mit aller Gründlichkeit,
dann gilt für jeden allgemein,
er braucht 'nen Baubescheid.

So guten Mutes auf zum Amt.
Ich zahle die Gebühr,
nehm' dann das Formular zur Hand,
erkläre Tor und Tür.

Ein halbes Jahr – und nichts geschah,
was dauert da so lang?
Warum ist der Bescheid nicht da,
mir wird so langsam bang.

Erneut zum Amt und nachgefragt,
welch' Fehler war gescheh'n?
Ich bitte dort ganz unverzagt,
die Akten einzuseh'n.

Doch dort zieht man die Stirne kraus:
»Ihr Wunsch hat nicht Bestand,
wir wissen nichts von einem Haus,
weil Ihr Beleg verschwand.

Ich hab die Daten abgefragt,
die Lage, die ist schlicht,
selbst wenn es Ihnen nicht behagt,
auch Sie gibt es hier nicht.

Wie wollen Sie, mein lieber Mann,
als Nichts ein Keins einseh'n,
Sie wünschen was, was niemand kann,
drum kann es nicht gescheh'n.«

Da denk' ich mir, er sieht mich nicht
ob fehlendem Papier,
drum ergo: Fehlt der Baubericht,
ist auch das Haus nicht hier.

Ich bau' mit Türmchen und Balkon
ein Haus für mich allein
und lebe dort als Unperson
in einem Nichts aus Stein.

Dichter Stau

Was wäre Reisen ohne Stau,
ich käme nie zum Dichten,
denn freie Fahrt, weiß ich genau,
würd' diesen Drang vernichten.
Drum fahr' ich niemals übers Land,
ich nutz' die Autobahn
und fahre, das liegt auf der Hand,
grad dann, wenn alle fahr'n.
Und roll'n die Autos wie geschmiert
und Traffic Jam gibt's keinen,
dann wird sich nicht sehr lang geziert,
dann mach' ich selber einen.
Hei, jauchzt mein Herz, wenn alles steht,
wenn jeder tobt und flucht,
weil auf der Straße nichts mehr geht
und man die Ausfahrt sucht.
Ich zieh dann meinen Block heraus
und seh' dem Schauspiel zu,
spendiere hier und da Applaus
und füll' den Block im Nu.
Dort prügelt sich ein Polizist
mit seinem Vordermann,
schreit Worte, die man nie vermisst,
auch, dass er ihn mal kann.
Dort pinkelt wer am Straßenrand
und wirkt dabei nervös,
ein Andrer schaut ihm ungeniert,
von hinten auf die Blöß'.

Ein Dritter kramt im Kofferaum,
holt Dosenwurst und Grill,
zapft Bier mit wohl dosiertem Schaum
und fragt, wer speisen will.
Ein Vierter prüft die Reifenluft,
checkt ängstlich den Motor,
sieht nach, wie stark der Auspuff pufft,
und prüft das mit dem Ohr.
Ein Weit'rer steht am Autoheck,
schraubt dort ein Fahrrad los
und fährt mit diesem einfach weg,
das scheint mir dubios.
Mit Krücken auf der linken Bahn
ein Opa schleicht und johlt:
»Ihr lieben Leut', kommt, seht euch an,
wen ich schon überholt!«
Ein Pärchen dreht das Radio laut
und tanzt auf dem Asphalt,
erst zeigt die Dame blanke Haut,
dann geh'n sie in den Wald.
Ein Pfarrer kommt vorbeimarschiert
und spendet allen Trost,
der Eine ist dran intressiert,
der Andre ist erbost.
Und schließlich kommt die Polizei
und regelt den Verkehr,
und dadurch geht der Stau vorbei
und das bedaur' ich sehr.

Ich fahr' nach Hause wie gewohnt
– und fühl' mich richtig toll:
Der Stau, der hat sich sehr gelohnt,
der Block von mir ist voll.
Ich denk', das reicht für 'nen Roman
und 'nen Gedichtband gar!
Drum liebe ich die Autobahn,
ist Stau nicht wunderbar?

Armin Schmidt

Shopping

Ich beuge mich den trendy Zeiten
und trag' den Reiter auf der Brust.
Wenn Boss und Nike mich begleiten,
dann treibt mich eben Outlet-Lust.

Den smarten Shopper in der Traube,
den schreckt kein Nahkampf wirklich ab.
s.Oliver im dichten Staube
des Wühltischs bringt ihn erst auf Trab.

Das Paradies hat Platz für jeden,
die Outdoor-Menschen zieht's hinein.
In allen Sprachen hört man reden.
Den Timberlands kann's schnuppe sein.

Den Ladenhütern platzt der Kragen,
den Schlappen fehlt der frische Lack,
im Body Shop rumort der Magen,
der Kaufrausch aber bleibt auf Zack.

Ein Schnäppchenjäger folgt der Masse.
Auch wenn die Absicht nobel ist,
steht er im Stau dann an der Kasse
und zahlt den Preis für seinen Mist.

Ich stehe wieder vor den Toren,
die Einkaufstüten wiegen schwer.
Ich fühl' mich irgendwie verloren
und sehne mich nach blauem Meer.

Jan C. Rauschmeier

Der Checker

Die, wo ich dann traf
vor das krass große Haus,
war echt mal so halt
eine voll geile Maus.

Ich gleich so dahin,
wollte checken was geht,
weil jede nun mal
ja so voll auf mich steht.

Ich so: »Ey, was geht?!«
Sie so: guckt zu mir hin,
weil ich eben halt
voll der Coolste mal bin.

Und ich so: »Hey, Schatz!«
Sie so: zickt plötzlich rum,
dreht sich von mich weg,
dabei labert die dumm.

Die Schlampe war mir
doch egal, ist doch klar,
weil die sowieso
ja auch voll hässlich war.

Johannes Hülstrung

Ein Tagebucheintrag

Morgens um sieben aufgestanden
Gegähnt, mich gestreckt und in den Spiegel geschaut
Nach einer durchzechten Nacht völlig verkatert
Geduscht und angezogen
Rasiert, die Haare gekämmt
Die Blondine von letzter Nacht noch einmal durchgenommen
Früchtemüsli mit Bananen gegessen
Meiner Frau einen Kuss gegeben
Wilden Morgensex gehabt
Aktentasche gepackt, Butterbrot geschmiert
Mit dem Auto zur Arbeit gefahren
Tankstelle ausgeraubt, Geld und Kaugummis geklaut
Im Büro Papierkram erledigt
Computer hat sich aufgehängt
Meinen Chef beleidigt und angebrüllt
In der Kantine Gemüsesuppe gegessen
Dann das Butterbrot ausgepackt
Butterbrot weggeschmissen, Mittagsbuffet im Sternerestaurant
Nach Hause gefahren, Tagesschau geguckt
Zähne geputzt, Schlafanzug angezogen
Mit einer Cracknutte geschlafen, den Zuhälter verprügelt
Mich von meiner Frau getrennt, mit der Nutte durchgebrannt
Ein neues Leben begonnen, für immer frei, keine Zwänge mehr –
Abends um zehn schlafen gegangen
Morgens um sieben aufgestanden

Ein kleiner Gedanke
nach einer kleinen Schmerzattacke

Ich habe seit kurzem
so ein schmerzhaftes Stechen in der Brust
schwitzige Hände und Atemnot
Und jetzt frage ich mich natürlich
ob das Liebe ist
oder ob ich bald sterbe

Andreas Glanz

Flucht

Es wurde wärmer,
und du
liefst einfach weg.
Ohne ein Wort.

Nun stehe ich hier,
in einer Pfütze,
mit Zylinder, Besen, Kohlen und
einer Möhre.

Josef Hader

Mörderisches Frühstück

Ich ertränke den Teebeutel
im brühend heißen Wasser,
enthaupte das weichgekochte Ei,
schneide die Semmel mittendurch
und schmiere rote Marmelade
in die klaffenden Wunden.
Ziehe der Knackwurst die Haut ab
und vierteile den Apfel.
Lese in der Morgenzeitung
über Mord und Todschlag.

Zwischendurch wiederhole ich
den Zaubersatz vom letzten Motivationsseminar:
»Heute wird ein super Tag!«

Das Essbesteck

Die Gabel hat Schlitze,
das Messer die Spitze.

Und mich hat der Schöpfer
zum Löffel gemacht.

Wein gut?

Lieblich, spritzig, korkig, füllig,
rassig, holzig, trocken, rund.
So beschreibt das Tröpferl
nur der wahre Kenner.

Doch bringen wir's
auf einen Nenner:
Was würde wohl das Weinderl
flüstern dem Gustierer?

Vielleicht Folgendes:
»Du Quassler, Blender,
Verleumder, Sekkierer,
ich sag's dir milde,
mach einen Abgang,
sonst werde ich wilde!«

Gestirne unter sich

»Ach, wie niedlich
sie doch sind«,
brummt der Mond.

»Wie sie sehnsuchtsvoll
zu uns emporschauen«,
kichern die Sterne.

»Wie sie uns bewundern,
bedichten und benennen
mit den Namen ihrer Götter«,
flüstert die Sonne.

»Wenn die da unten nur wüssten,
wie schnuppe sie uns sind«,
rufen sie alle im Chor.

Der neugierige Wald

Wie die Welt außerhalb des Waldes aussieht,
das erfahren die Bäume nur aus Erzählungen
ihrer Kollegen vom Waldesrand.

Diese berichten Folgendes:
Ja lu le ha, anna si ho!

Das heißt:
Draußen nix gscheits los,
drum bleibts ruhig do.

Johannes Lotz

Der Mann vom Kreiselladen

Ich hab Kreide gefressen und sie wieder ausgekotzt.
Man klopfte mir auf die Schulter, damit auch der letzte Rest
von dem weißen Scheiß endlich raus kam.

Die Zebras auf dem Gehweg sehe ich nun wieder als das,
was sie sind: Mistviecher. Auf 20 Meter Entfernung
nehme ich Mundgeruch wahr und faule Zähne
und schneide den Leuten Grimassen.

An der Ecke besitze ich einen Kreiselladen. Silberne
Kreisel, goldene. Schwarze Kreisel, rote. Schnee
liegt bei mir drin. Ich hab Fotos in Alben von meinem
alten grünen VW Käfer mit mir und Frau in den Alpen.
Das waren noch Zeiten. Kalt und heiß. Nicht

so eine laue Kacke wie hier und heute. Nur
blöde Fressen. Wie im Kuhstall. Ochsen. Luchse.
Luchsen einem alles ab. Die haben winzige Fenster nur
in den Wohnungen, und immer alles dunkel drin.
Was ein Leben.

Macht es mir was aus oder nicht? Ich bin das merkwürdigste
Tier im ganzen Viertel. Mir sind ja nun drei Köpfe gewachsen.
Das ist wegen 2012. Man knallt
völlig durch und hat sie doch noch alle. So was
hab ich noch nie erlebt. Dazu brauchts drei Köpfe.

Der Jogger

Der Jogger mit Nägeln im Schuh
hinterlässt eine Spur blaues Blut.
So adelt er Äcker und Wege
mit himmlischen Tropfen.

Er rennt in Winkeln wie ein Hase,
man rätselt, wer er sei –
ob einer der irren Bewohner
des Hauses Nummer drei?

Aber sein Gesicht
ist manchen von früher bekannt:
Heimkehr ist oft seltsam
aus einem fernen Land.

Peter-Michael Fritsch

Sturm am Meer

Auf einmal ändert sich
   der Wellenschlag
Nur eins ist klar
   der Mensch
war nicht am Werk
Der bleibt in seinem
   Wasserglas
und zählt die Erbsen
   Stück für Stück

Martin Stauder

Was ist Wahrheit

er blickt ins weinglas
erkennt die wahrheit
eine fliege zappelt
die wahrheit ist der tod
er holt die fliege aus dem glas
sie überlebt
lüge

Wolfgang Rödig

Pinguin in der Antarktis

Und dann ist dort noch ein typischer
Pinguin in der Antarktis, wo
sonst, dem es nicht genügt, ein Vogel
zu sein. Er wäre auch gern so ein
Herkömmlicher beziehungsweise
Hinziehender und flöge im Herbst
respektive zur richtigen Zeit
in den Süden. Doch leider sänge
er, könnte er's, ein Lied davon, von
ihr, der aufgrund der limitier'nden
Funktionsfähigkeit des eig'nen
Körpers und der geographischen
Lage seines Aufenthaltsortes
gleich doppelt abgesicherten Unmöglichkeit.

Vorm Aussterben

Die Dinosaurier, noch mehr in Mode
zu ihrer Lebenszeit als heutzutag',
erschraken damals plötzlich sich zu Tode,
was an der Spezies, der neuen, lag.

Fast wie im Eden, dem noch fernen Garten,
durft's dort schon zugeh'n, bis Notiz man nahm
von einem Exemplar der Art der Arten,
das ihnen aus dem Busch ins Blickfeld kam.

Die armen alten Echsen meinten eben,
dass erst in ein'gen paar Millionen Jahr'n
der Mensch sich auf der Erde ein würd' leben,
und hatten recht ja auch. 's war ihr Gewahr'n,

das sie natürlich täuschte. Doch zum Glück
erschraken ja auch höchstens vier, fünf Stück.

Karin Jacob

Die Ballade vom Glühwurmmann

Ein Glühwurm fliegt im Dämmerlicht,
als ihm ein Glanz ins Auge sticht.
Oh, lieber Himmel, welch ein Schein!
Das muss ein prächtig Weibchen sein.

Er nähert sich dem hellen Ort,
und denkt: Es sind ganz viele dort!
Nicht ein Weib nur, nein, das sind mehr,
da muss ich hin, das macht was her!

Der Lichtpunkt schwillt nun stetig an
und unserm Glühwurm wird leicht bang:
So viele Weibchen, kann das sein?
Kann ich das schaffen, ganz allein?

So sei es drum! Frisch auf! Gewagt!
Er ist kein Kerl, der lange fragt,
den Mutigen gehört die Welt:
Mal sehn, ob er den Frau'n gefällt.

Er kommt heran in raschem Flug
und ahnt noch nichts von dem Betrug:
Nicht Weibchen sind's, die er erspäht,
es leuchtet – das TV-Gerät.

Jiri Kandeler

Schwein und Sein

Das Mastschwein hat aus seinem Stall
in tiefster, schwarzer Nacht
geblickt ins weite Weltenall
und sich dabei gedacht:

»Wie man es wendet,
wie man es dreht,
alles endet,
alles vergeht.

Ein Weilchen noch bin ich ein Schwein,
und dann, mit einem Mal,
werde ich ein Schinken sein
und steh' im Kühlregal.

Nun glauben manche Leute,
ihr Leben hätte Sinn,
meins tut das weder heute
noch wenn ich Schinken bin.«

Der Kragenbär

Es dachte stolz der Kragenbär:
»So ein Kragen macht was her.
Mit meinem Kragen bin ich bald
der schärfste Bär im ganzen Wald,
denn schärfer geht's ja wohl nicht mehr!«
(Er kannte nicht den Brillenbär.)

Der Zackenbarsch

Der Zackenbarsch,
der ist geleimt,
weil auf Barsch nur eins
sich reimt.

Tragödie im Wald

Ein Rehlein steht im Wald,
der Jäger macht es kalt.

Der Hirsch
röhrt
verstört

vergebens
nach der Liebe
seines Lebens …

Gestörtes Idyll

Die Krabbe krabbelt durch den Sand,
die Robbe robbt sich an den Strand,
der Hecht, der hechtet durch das Nass,
und alle haben Riesenspaß.
Nur der Stör – wie unerhört –
stört.

Da muss er durch, der Lurch

Der Lustmolch saß in seinem Bau
und wartete auf seine Frau.
Es war der alte Sittenstrolch
schon spitz wie ein Malaiendolch.
Dem Molch war leider nicht bekannt,
dass seine Frau ihm durchgebrannt.
Der Lustmolch war ihr zu gemein;
ihr Neuer soll ein Schwanzlurch sein.

Schlangen

Auch unter Schlangen gibt's Idioten
– man erkennt sie an den Knoten.

Der Grasfrosch

Ein Grasfrosch saß allein im Gras
und quakte wie verrückt.
Die Grasfroschfrau, die hörte das,
und war total entzückt.
Sie fanden sich auf Anhieb nett,
nun quaken beide im Duett.

Der ganze Teich hört zu dabei
Und wünscht, dass endlich Ruhe sei.

Die Wette des Herrn Pfau

Herr Pfau sprach zu Herrn Warzenschwein:
»Wie kann man bloß so hässlich sein?
Was Hässlicheres als Sie, mein Herr,
gibt's doch im ganzen Busch nicht mehr.
Das kann's nicht geben weit und breit,
ich wett' darauf mein Federkleid.«

»Die Wette gilt, so soll es sein«,
so sprach alsdann Herr Warzenschwein,
»dann legen Sie Ihr Federkleid
doch ruhig schon mal für mich bereit.
Und warten Sie noch kurz, Herr Pfau:
Ich hol' nur eben meine Frau.«

Film des Lebens

Die Hauptrolle
in meinem Leben
ist an meine Frau vergeben.

Was vice versa anders ist,
in ihrem Leben
bin ich Statist.

Sherpa-Weisheit Nr. 1

Schön ist's auf dem Dach der Welt,
außer wenn man runterfällt.

Ramses II.

Ramses II. fühlte sich schlecht.
Er dachte: »Die Welt ist ungerecht,
miserabel und gemein.«
Er wollte auch mal Erster sein.

Dirk H. Wendt

Das Feigenblatt

Im Mischwald stand,
man glaubt es kaum,
ein wunderschöner
Feigenbaum.
Und als es Herbst wurd',
da begannen
ihm zuzukichern
alle Tannen:
»He Süßer, lass doch mal
was fallen,
das würd' gefallen hier
uns allen!«
Nicht feige, war er
drum bereit,
zu trennen sich vom
grünen Kleid:
Ganz sanft ließ er sein
Laub herab,
und Blatt für Blatt
fiel von ihm ab
– bis auf eines
ganz allein.
Ein wenig Anstand,
das muss sein.

Elvira Lauscher

Zwei Eintagsfliegen

trafen sich

Wenn der Tag nur bald
vorüber wäre
jammerte die eine
während die andere
stöhnend nickte

Dann zogen sie weiter
die eine links
die andere rechts
auf der Fensterscheibe

Still ist es

daran muss ich mich
erst gewöhnen

Um meine Ohren
zu entschlacken
besuche ich
jetzt öfter das Nichts

Damit ich mich
dort nicht verliere
übe ich Trompete

Wenn ich gut genug bin
blase ich mir
den richtigen Weg

Gunda Jaron

Hab Acht!

(Minikrimi)

Vollmondnacht,
zwei Uhr acht.

Aufgewacht,
dich betracht':

Ungeschlacht
breitgemacht …

Nachgedacht:

Liebesmacht
abgeflacht?
Bös' Verdacht:
Niedertracht!

Wut entfacht …

Umgebracht!

Ballastfracht
weggebracht …

Laut gelacht.
Brunnenschacht
zugemacht:
Gute Nacht!

Witwentracht …

Taktik

Es war an einem Donnerstag,
da gaben sich Marie und Mark,
zwei Ameisen, im Birkenhain
ein Stelldichein,
vom Schein des Sichelmonds bewacht.
Ich glaub, es war so um halb acht.
Die Läuse kribbelten im Bauch;
für Schmetterlinge wär's dort auch,
wenn man es ganz genau bedenkt,
viel zu beengt.

»Ach«, dachte Mark, das Herze schwer,
»wenn ich doch bloß nicht schüchtern wär …
Dass sie in meinem Arm verharrt
und ich sie mit den Fühlern zart
betasten kann,
wie fang ich's an?
Es herrscht bei diesem Dämmerlicht
ja keine allzu gute Sicht.
Wenn wir zu diesem Hügel geh'n
und ich ihr dort, ganz aus Verseh'n,
ein Beinchen stell'
und blitzeschnell
zur Stelle bin, bevor sie fällt,
bin ich ihr Held.
Dann küsst sie mich – das wär' der Hit.«

Und während er so sinnend schritt,
Mariechen zu sich selber sprach:
»Wie helf' ich bloß dem Zufall nach,
dass er mir näher kommt als nah?
Wenn ich beim Maulwurfshügel da
nun stolpere in vollem Lauf,
dann fängt er mich doch sicher auf
und hält mich fest.
Und dann ... wer weiß ...«
Sie seufzte leis'.

Am Maulwurfshügel angelangt,
streckt Mark geschickt ein Bein
und bangt,
ob dieser Trick nicht zu riskant.
Mariechen strauchelt elegant.
Ihr Mark greift zu und registriert
verblüfft: Die List hat funktioniert!
Er ist fürwahr ein toller Hecht!

»Das war nicht schlecht!«
Marie ist ebenfalls entzückt,
dass ihr der Plan so gut geglückt.
Noch immer ist sie ganz perplex.
Oh, welch Reflex!
Tatsächlich hat sie Mark galant
mit seinen Fühlerchen umspannt
und nun ... Sie lächelt fein ...

Jetzt lassen wir die zwei allein,
denn zuzuschau'n, wie's weitergeht,
wär' indiskret.

Heinrich Beindorf

Best Ager

Ich seh' nicht gut –
doch lieben kann ich prima.
Die Leute sagen: Warum grüßt der nicht?
Es schlägt nicht nur bei Mädels auf das Klima –
so 'n Fischgesicht.

Und ich werd' alt –
das ist die Wahrheit … beim Rasieren
krieg ich die tiefen Furchen nicht mehr blank.
Mein Sohn sagt: Schließ bloß hinter dir die Türen!
Es macht mich krank.

Denn ich vergesse –
wie viel Merlot ich hatte. Wer ihn zahlte.
Wo die Fluppen liegen. Und den Rest.
Doch nie den Tag, wo ich dich sah & krallte,
das sitzt fest.

Vielleicht ganz gut –
so kann ich deine Silhouette
auch weiterhin in jeder Lady seh'n,
brauch nicht mehr träumen, was ich gern noch wär' & hätte,
find' stoppelbärtig wieder keine blöde Zigarette
und kann doch weiter breit durch off'ne Räume geh'n.

Falscher Grund

Ich habe für dich den
Balztanz vollführt, Baby,
das volle Brunftprogramm:

Habe spanisch zitiert,
Einstein und
eigene Erfolge
zur Sprache gebracht,
Verlässlichkeit und Güte
gezeigt und
unermüdlich sensible
Themen
abgearbeitet,
habe Muskeln am Oberarm
und die Möglichkeit
von Immobilienerwerb
durchblicken lassen,
deinetwegen einen
ganzen verdammten
Benz entrostet.

Als du endlich nachgabst,
sagtest du, was dich bewogen hätte,
sei im Grunde die Form meines
Ohrläppchens gewesen –
des linken.

Menschenskind,
geliebt werden
will ein Mann
doch nicht
wegen so was!

Vertrauen ist gut

Als Borsukiewicz die Diagnose kriegte,
gestand er Moni allerlei Fauxpas,
doch zu früh: Die Medizin obsiegte,
er überlebte seine Beichte klar.

Sie aber zog aus allem ihre Schlüsse
und kurz darauf entschieden bei ihm aus:
Wovon er sich erleichtert haben müsse,
sie halt' es von 'nem Lebenden nicht aus.

Und in der Leere, die sie ihm vermachte,
saß er betroffen ... jäh gesund ... allein,
bloß kaum schlauer, denn er dachte:
Darfst echt nicht sündig, schwach *und* ehrlich sein.

Nie mal Gott spielen
oder Schöpfung rückwärts

Manchmal denk ich:
gibt so viele Idioten –
würd man alle verjagen
die für Glatzen voten
und Hellgrün tragen

alle Streber & Angeber
BILD-Schreiber Kriegstreiber
Machtmenschen Klageweiber
Banker & Wirtschaftslenker
Experten Katecheten und
ganz falschen Propheten

Superegos & Vereinsmeier
Aasgeier Marktschreier
die wo stets zu früh lachen
sauschlechte Gedichte machen
Rechtsbeuger Lärmerzeuger
Banausen & Unholde
Ehebrecher Messerstecher
Rauf-, Sauf- und Lügenbolde

die Wichtig- und Nichtstuer
Münchner oder Karlsruher
ob sie nun 400 PS fahren
koksen oder Kinder schlagen
noch nie beim Arzt waren
dauernd *okaaay?* sagen

jeden der sich mal als blöd erwies
oder gierig faul verlogen fies
prollig albern oder einfach
nicht von heute

aah! es bliebe uns
das Paradies –
maximal
zwei Leute.

Begegnung

In einer Bar
in Bottrop
begehrte Bähr die
blonde Biene
baggerte beseelt
bezwang sie
belfernd

und bass betört
begriffen beide
bar bleiernen Bandes
banger Bindung

wie beherzte
Begattung
blank berückt
beschwingte Balz
bestialisch
Bock bringt

besonders
wenn du
breit bist.

Dienstleistung

Eine Biker-Lady aus Bingen
kam aus Hass auf die Spießer zum Swingen.
Heut beswingt sie mit Glück
pro Abend zehn Stück –
ahh, Logik war nie so ihr Dingen.

Michael Hüttenberger

Warum auf Spitzwegs Bild
»Der arme Poet« kein Spatz zu sehen ist

Carl Spitzweg malt nen Spatz ins Bild.
Da fliegt der Spatz weg in den Wald.
Darauf wird Spitzweg schlichtweg wild.
Ihm fehlt – Spatz weg – das Vorbild bald.
Drum hat Spitzweg Spatz weg gemalt.

Tägliches Joggen führt zu den wichtigen Fragen im Leben

Fand am Strand in einem Kasten
einen Band von Hermann Kesten,
weit verstreut noch weitre Kisten.
Fragte mich: Was sind die Kosten
und wer säubert unsre Küsten?

Strategiespiele auf kleinkariertem Karo

Ich kann's mir fast schon denken, hab ich mir gedacht,
hab beim Torpedolenken leis in mich gelacht,
und schob's, um dir eins einzuschenken, in den Schacht.

Ich kenn dein Wüten beim Versenken und blieb sacht.
Wollt dich nicht wieder kränken, hat genug gekracht,
und übte das Ertränken meiner Niedertracht.

Dann trafst du mich, hast mir beim Henken zugehacht.

Und gingst. (Ich such seitdem die Gegenwart von Macht.)

Internationale Begegnungen

Ich fürchte mich vor fitten Finnen,
ich habe Angst vor schweren Schweden
und allzu lütten Letten.

Ich mag es nicht, wenn Balten balzen,
und hass Norwegen nicht nur wegen
frigiden Samen-Damen.

Ich leide unter breiten Briten,
an Iren mit zu großen Ohren
und Schotten mit nem Schatten.

Ich meide in den Dünen Dänen,
im Strandbad hab ich ungern Ungarn
und an den Poolen Polen.

Ich geh zu Banken nie mit Basken,
frag Korsen nicht nach Wechselkursen
und Sarden nicht nach Salden.

Trau keinem Spanier, der Spalier steht,
kein zweites Mal demselben Serben,
nicht Russen aller Rassen.

Vor Griechen tu ich mich verkriechen,
ich kratz die Kurve, kommt eine Kurde,
bei Türken geh ich türmen.

Hab meine Not mit diesen Ländern.
Ich ging zu Indern, sie zu lindern,
zu Esten, ließ mich testen.

Sie fanden nichts! Dann, eines Nachts,
hab ich gedacht: Schreib dies Gedicht,
und alles wird sich ändern!

Christian W. Burbach

Sabine kommt nicht aus dem Bad

Bambim früht die Muft,
glöckernd juppelt's von der Kriene
und im grönsten Muppelsuft
zödert die Sabine.   -> :-\

Plösert sich, entfoppt die Pöpel,
– Schnille bremmt, erlaunde Matzen –
gliebrig summt sie häre Möpel,
schnicke tändern Barafatzen!   -> ;-))

Triebelmatzen wull beserfen
wicke flöh um siebelpuck,
toch Sabine gört zum Perfen
olli anners, neppo muck …   -> :-(

»Sabine, Maffi, micke Maus!«,
erlört sichs mick, nu seller klutscht …!!!
Eroin Sabines Fonkelsaus
goll rollinürend ferderwutscht …   -> :-((-> **

Verlürend lummt sich mick Peleder,
Sabine gört verplussen,
mal wullt es wall, mal zeder,   -> ** + ** = :-0 !
nun ist sie halt erfrussen …

Pupp, zerknullt.
Warst selber schuld.

Akt ist hin in Berlin

hatte latte puh
lotte scharf dazu

hoppte lotte druff
putte latte uff

otto
flotto

latte
watte

kam nich zu(m) potte
flattert lotte

wieder wech
pech

Neulich in Bayreuth

1. Akt:
huuu – haaa
pumperbumm
trara
sing, schrei, flöt
tröt

2. Akt:
winsel, fiedel, wammelbammel,
tatatazeng, peng, rammel

3. Akt:
umarm – sie huu, er hiii
du? nie! so sie

hä? – huhuu!
nur du!
singt wer?
na, er!

füseliger Flötenwimmer
sie: du nimmer!

grummel, wütel, würg und hass
fuchtel, quietsch – ab lass!
gröseliger Bass

pingelpangel, schwingel, klimper
Triangel, bimmel

tröt, vertrammel
trommel

hechel, grunz, umschling
pillepalle, pling, pling, pling

sie ihm eine Watsche
Bratsche

er: stech!
ihr Pech …

nein! du? kollabier
viel Klavier

rummelplummel
Finalgetrummel

matt
platt
sie nun seufzend fertig hat

4. Akt:
Siegwahn plärrt
gramsverzerrt –
reckt die Arme, Paukenknall,
sichtbar reuend zum Walhall:

Halla Walla! Min Sil nun sey verdrunken!
Grabesheyl bey Grottenunken!

Weh dir, Unhold! – sapperlott!
föselt höhlig das Fagott

Und – Memme du, oh Mordbub, feiger!
quietscht erzürnt ein dritter Geiger
ja, auch das Cello krätscht dazu –
alles macht nun buhuhu

nun tut er's endlich: stech!
taumelseufz, viel Blech,
pardauz, oje –
böser Siegwahn – geh!

selbstgerächt ist immer gut …
allerletzter Hornestut –

Odium fein zieht durchs Parkett
reihum die Promihälse schlucken
Siegwahn wurscht – auf zum Buffett!
naja, mal gucken …?

derweil noch Friedlinds Alt erklingt,
man sabbernd von den Stühlen springt

5. Akt (Konkludium):
wehklag, Schampus, Kaviar, heul

Bayreuth ist doch einfach geil!

Alex Dreppec

Masochisten-Moor

Merkwürdiger Masochisten mannigfache Machenschaft:
Murmelnde marschieren moorwärts miteinander, massenhaft.
Moor-Moskitos melken masochistische Membranen.
Menschlich-masochistische Matsch-Monumente mahnen.
Manche murmeln manisch: »Mein Moskito-Marterpfahl!«
Moskitos melken minutiös. Mirakulöses Mahl.

Roqueforts Reifegrad

Roberts respektables Ressort:
Reifegrad-Riecher, Roquefort.
Regines respektables Ressort:
Rohmilch-Rührerin, Roquefort.

Residenzstadt Roquefort, Rummelplatz:
Rührerin Regine riskiert Rabatz –
Robert raucht Reemtsmazigaretten.
Regine ruft:»Roberts Riechorgan retten!«

Roberts Rauchutensilien ruinierend,
Reemtsmapäckchen rigoros ramponierend,
rettet Regines restriktive Reaktion
Roberts Riechorgan, Roqueforts Reputation.

Weltanfang

Man mag es bestreiten, ich weiß es doch,
obwohl man's der Welt nicht sofort ansieht:
Der Schöpfer sitzt in einem schwarzen Loch,
in jedem echten Hochdruckgebiet.
An seinem Wohnsitz herrscht Wahnwitz,
er findet (vor allem) am Knallen Gefallen.
Sein Urknall war ein greller Geistesblitz,
man hört den Nachklang bis heute noch hallen.
Ein Einzeller übernimmt dann ab hier.
Wir war'n Wilde, die in Zelten und Höhlen mutierten.
Dein Großvater war ein Pantoffeltier.
In der Bronzezeit herrschten die Drittplazierten.
Ich erkläre mal eben noch auf die Schnelle
eins der Gesetze, die heute noch gelten:
Gummibäume entstammen der Gummizelle
und mutierten im Jura zu Rechtsanwälten.

Die Lorelau

Flussabwärts fuhren mit dem Boot
Marc und Jan, sein Kamerod.
Gen Mittag rief Jan: »Himmel, schau!
Dort auf dem Fels, die Lorelau!«
»Na und«, sprach Marc, »wozu so laut,
warum denn diese Furchtsamkaut?«
»Wer«, sprach Jan, »für diese Frau
schlecht dichtet, für die Lorelau,
dem Tod alsbald ins Auge schaut!
Ganz wie's die Sage prophezaut!«
Da rief die Frau schon: »Schiffer, kommt!
Doch reimt Ihr falsch, seid Ihr verdommt.
Das Wasser riecht hier faulig,
weil and're, die abschaulich
dichteten, schon lang vor Euch,
hier modern tief im Schattenreuch.«
Jan stotterte nun: »In den Staub
wirft man sich vor Euch schönem Waub!
Man kann nur leise hauchen:
Ihr seid ganz ohneglauchen!«
Sie sprach: »Für Euer Schmeicheln
soll ich Euch nicht ermeicheln?
Sind doch die Verse, die Ihr baut,
von übler Miserabligkaut!
Den letzten Nerv mir so zu reiben
statt die Zeit mir zu vertreiben!«

Marc rief: »Ihr seid so wohlgebaut,
von solcher Appetitlichkaut,
man will in Treu und Glauben
sich selbst für Euch entlauben!«
Sie sprach: »Ihr reimt wie Tattergrause,
so sinkt im Sturmgebrause!«
Jan rief: »Oh dunkler Himmel!
Ich hab 'nen Heidenbimmel!«
Marc sprach: »Des Flusses schönste Braut,
wir bitten um Barmherzigkaut!
Ich ernähr' der Kinder drei
mit Hecht und Aal und Kabeljei!«
Sie sprach: »Sinkt in den Fluten!
Trotz Eurer guten Tuten!
Geht unter mit Gebrause!«
Das war's dann. Dummerwause.

Die Liebe im Zeitalter
des Füllfederhalters

Verehrteste, sagt, darf ich offen
sehnend schreiben, darf ich hoffen,
dass es Euch nicht konsterniert,
wenn ich -TINTENFLECK- -VERWISCHT- -VERSCHMIERT-
Bei der Eiche träf' ich Euch gern zwecks
-VERSCHMIERT- im Mondlicht -TINTENKLECKS-
und zwar am -TINTENFLECK- so gegen neun.
-VERSCHMIERT- ich mich auf Antwort freu'n?

Verehrtester, ich will mich eilen
zu antworten auf liebe Zeilen.
Das heißt – sie wären lieb gewesen,
allein: Ich konnte sie kaum lesen.
Es würde Euch zum Ruhm gereichen,
würde keine Zeit verstreichen
und Ihr schriebet nochmals mir.
Doch diesmal ohne Klecksgeschmier!

Verehrteste, Ihr findet mich
-TINTENFLECK- und untröstlich,
-DOPPELKLECKS- und rastlos gar.
So will ich denn nun -UNLESBAR-.
Auf -TINTENFLECK- hoff' ich nun zwecks
Versöhnung, liebste -TINTENKLECKS-
Seid Ihr -TINTENFLECK- noch mein?
So schlimm wird es ja nun nicht sein.

Nein! Welch wurstgleicher Tentakel
schuf derartiges Gekrakel?
Euch Schmierfink führt entweder
nackter Irrsinn schon die Feder
oder Euch, Ihr Einfaltspinsel,
plagt im Schädel ein Gerinnsel,
das die Hand schon zittrig macht.
Darum lebt wohl und gute Nacht.

-TINTENFLECK- denn unerhört
-VOLLGEKLECKST- und recht verstört
-UNLESERLICH- -VERFLECKT- im Stillen
-KLECKS- und ohne bösen Willen
-TINTENFLECK- und -SCHMIEREREI-
-KLECKS- dass die Liebe stärker sei!
-RIESENKLECKS-VERSCHMIERT- und dann
komm zum Vorsprechen ich an.

Genug vom klecksverhexten Text,
Ihr Lump habt es zu Klump gekleckst.
Ich statuier' an Eurem Krempel
grad im Ofen ein Exempel.
Nähert Ihr Euch mir, Ihr Simpel,
dann verzieh' ich Euch den Wimpel.
Ich werd' Euch mit dem Bügel prügeln
und Euch das Hemd am Leibe bügeln!

Enthunze mich

anlässlich des Versauens eines von der Herzensdame
gekochten Vanillepuddings durch zu schnelles Abkühlen
im Kühlschrank

Bin ich noch so entleuchtet, vergeistere mich!
Bin entgabt, entsegnet, Entgeisterte, sprich:
Kannst Du nicht entsieben, was ich mal versiebe?
Ich würde ja gehen, wenn ich nicht dabei bliebe:
Kannst Du nicht entgeigen, was ich halt vergeige?
Geht sonst denn die Zuneigung langsam zur Neige?
Es erleichtert doch nichts, wenn Du Dich so beschwerst.
Du solltest erbehren, was Du jetzt entbehrst.
Ich reite auf einer Schlammlawine
zu Tal. Und Du verziehst keine Miene.
Kannst Du nicht entsauen, was ich mal versaue?
Kannst Du nicht umbau'n, was ich mir verbaue?
Soll ich Eimer für Eimer den Schlamm zurücktragen,
und willst Du die ganze Zeit nichts dazu sagen?
Die Arme verschränken und skeptisch schauen
mit hochgezogenen Augenbrauen?
Verbitte Dir bitte die Abbitte nicht!
Entgeisterte, komm und enthunze mich!

Peleitikunk

Ich muss Tich Iknoranten
peleitiken sokleich,
unt feiche Konsonanten
sint tafür viel zu feich.
Tenn Tu pist von Peruf
so tumm wie Kott Tich schuf.
Tu Tummpeutel, Tu plöter,
Tu tepper Sapperköter!
Sei still, fenn ich Tich schimpf,
turchkeweichter Fimmerpimpf,
ich polier Tir tie Visacke nu,
Tu elente Tumpfpacke, Tu!
Tas klinkt vielleicht schon parsch, toch
ohne Vokale erst – T Rschlch,
T trckks, T Fxr, T,
ch nh Tr Tn Rschlch z,
ch plr Tr t Frss
mt ßrstr Fnss!
Kprt?

Vampir-Varietee

(Vierakter)

Volksbühne: verdunkelte Vorhänge,
vorerst verborgene Vorgänge.
Vortreten voll vermummter Vampire.
Von Vampiren Verfolgter Verbarrikadieren.
Volles Verbarrikadierungs-Versagen,
viele von Vampiren Verfolgte verzagen.
Vermehrte Venensaft-Verzehrung
verursacht vernehmbar Vampir-Vermehrung.   *Vorhang.*

Vieler von Vampiren Verfolgter Verderben:
Vieler von Vampiren Verfolgter Versterben.
Vampires verspätete Vesperzeit
vermehrt Vorkommen von Volltrunkenheit
von Verfolgten via Veltins-Verzehr.
Vampirische Vespern verlaufen verquer:
Veltins-verseuchter Venensaft
vermindert vampirische Vorstellungskraft.   *Vorhang (Verschnaufpause).*

Verwirrte Vampire vagabundieren.
Verkehrspolizisten verhören Vampire.
Vampir Viktor verneint Verdaulichkeit
von Vegetarischem voll Vertraulichkeit,
verkündet:»Verdauungsapparat
verursacht Vampires Verzweiflungstat!«,
verteidigt Vampire vorbildlich.
Vampir Viktor verstirbt vorsätzlich.   *Vorhang.*

Virtuelle Vollmondnacht, viertel vor vier,
verstimmt vertrimmt Vampir Vampir.
Vertrauensbruch! Verrat vermutet
(vorletzter, vergess'ner Verfolgter verblutet).
Verräter verrieten Vampir-Verstecke,
vermutlich verführt vom Verrechnungsschecke.
Versteck vernichtet – Vampire verloren,
Vormittagssonne – Vampire verschmoren.   *Vorhang –*
Verbeugungen –
Vorhang.

Vornehmes Verbeugen, vernehmbar vermehrt,
Volk verlässt Volksbühne völlig verstört:
Viktors Verschmoren, Viktors Verrecken
verursachte vieler Verehrer Verschrecken.
Viersens Vorstadtblatt, völlig Verrissen verfallen,
vermeldet: »Verflachte Verbisse verhallen,
Vorstellung verärgert von vornherein.
Verblödeter Vorstadtbühnen-Verein?«

Christian Engelken

Reise durchs Sternbild der Liebe

Er ergab sich ihr WIDDERstandslos.
Sie war STIERisch gut drauf.
Ihre ZWILLINGsnaturen
KREBSten nicht herum. Sie hatten einen Lauf.

Gut gebrüllt, LÖWE!
Man war aus der JUNGFRAUenzeit schon heraus.
Wie schön hielt sich alles die WAAGE!
Der SKORPION fuhr langsam seinen Stachel aus.

Das SCHÜTZEnfest begann.
Sie kannten den STEINBOCK der Liebe genau.
Sie nannte ihn den Großen WASSERMANN,
doch war er nur ein kleiner FISCH in einer Frau.

Zitate

(nach Wilhelm Busch)

Zitate haben viel für sich.
Zum Ersten zeige ich
zitierend Bildung ganz dezent,
und jeder denkt: Was der so kennt!

Zum Zweiten steh' ich nicht allein:
Ich stimme glücklich überein
mit einem andern Geist
(und keinem kleineren zumeist).

Auch stößt, wenn man als Paar erscheint,
so machtvoll-vorteilhaft vereint,
(als dritter Punkt) im Nu
gar manches Herdentier hinzu.

Und viertens färbt ein wenig Glanz
der großen Frau / des großen Manns,
der / die dies Wort geprägt,
auf mich ab (was mein Ego pflegt).

Drum sind auch diese Zeilen hier
nach Wilhelm Buschs Manier,
damit ihr alle gleich es wisst,
welch toller Hecht ihr Autor ist!

Barbara Siwik

Verspäteter Ruhm

Max von der Gosse ist verblichen
in einer lauen Sommernacht –
Papier und Tinte war'n sein Leben,
doch hat ihm dies nichts eingebracht.

Er kam aus seiner Lieblingskneipe,
mit reichlich hellem Bier gefüllt,
die holde Wirtin im Gemüte,
die freundlich ihm den Durst gestillt.

Ihr schrieb er, glühend in Ekstase,
Gedichte über Lieb' und Leid,
betört von ihren Wollust-Kurven
im viel zu engen Mini-Kleid.

Er schwamm in jedem Liebestümpel,
hat schreibend Fesseln kühn gesprengt.
(Von Haus aus war er Lohnbuchhalter
und bis aufs Komma eingeengt.)

Dennoch erging's ihm wie so vielen
Ver-dichtern hehrer Seelennot:
Es fand sich keiner, der ihn ehrte.
Die Dichtkunst ist ein hartes Brot.

Sogar die Dame der Getränke
verschmähte seiner Reime Klang.
Da hat er sich dem Suff ergeben
und wurde schwer verdichtungs-krank.

Nun hat das Schicksal eingegriffen
und in bewährter Durchschlagskraft
ihn in der Gosse vor der Kneipe
durch Herzversagen hingerafft.

Was für ein Bild! An solchem Ort ein
gebroch'nes Herz, durchtränkt mit Bier!
Max von der Gosse zeigte sterbend
ein ausgefeiltes Kunstgespür.

Posthum erwies ihm jede Zeitung
die einst umsonst ersehnte Gunst:
Man ehrte ihn. Als den Erfinder
ultimativer Rinnstein-Kunst!

Werg wie Wort

Ein Dichter schickt auf eigne Weise
Gedankenblitze auf die Reise.
Sie schießen kreuz und laufen quer
und machen ihm die Auswahl schwer.
Er schleift und glättet, bis zuletzt
sich ein Gedanke durchgesetzt.

Ein Dichtungsfachmann kann hingegen
nicht allzu lange überlegen.
Wenn Wasser aus der Röhre tropft,
ist's sinnlos, dass er Sprüche klopft.
Er greift zum Werg, verstopft und dichtet,
und kurz darauf ist's schon gerichtet!

Was lehrt uns das? Ob Rohr ob Sprüche:
Geschick ist stets das Wesentliche,
gemischt mit einem Quantum Glück
sowie zunächst dem rechten Blick,
die schwachen Stellen schnell zu sichten
und angemessen zu verdichten.

Susanne Mathies

Paarweise

ANNA
über
OTTO
auf poliertem Granit

ANNA
ganz oben
breitbeinige As im Tanzschritt
auf OTTOs Doppelbäuchen
die störrischen Ns stehen sicher
auf OTTOs breitem Dach

OTTO
über
ANNA
– wie wäre das gewesen?
Gemütliche Os aufgespießt
von ANNAs flankierenden Zacken
die spindligen Ts schlittern
in ANNAs klaffende Fallen
mit klirrendem Getöse

Nein – wie sollen da die Toten schlafen?
ANNA
über
OTTO
jetzt bleibt es so, auf Ewigkeit

Janina Mann

Liebesspiel

Drei nach oben,
runterwärts,
Liebe geht recht schnell ins Herz.
Rasch nach vorn,
zurückgedacht,
schon ein kleiner Flirt hat Macht.
Um die Ecke,
links herum,
manche Männer sind doch dumm.
In die Kurve,
zwei zurück,
schon bist du im Liebesglück.

Karsten Paul

Zärtliche Begegnung

Auf meinem Weg nach Künzelsau
traf einst ich eine schöne Frau.

Ich fragte sanft: »Gestatten Sie?«
Sie sagte bang: »Begatten Sie

mich lieber nicht: Ich habe Tripper.«
»Na gut, dann spielen wir halt Schach.«

Metaphysisch
knapp bei Kasse

und als ich das Bier nicht mehr bezahlen konnte
sagte ich zu meiner schönen Begleiterin
die sich gerade entspannt in Herrenblicken sonnte
dass ich jetzt ein wenig verzweifelt bin

da quasi pleite mitten im himmlischen Saufen
und nicht im Stande mehr sie einzuladen
»aber ich könnte dir günstig meine Seele verkaufen
dann wär ich wieder flüssig …« – sie stutzte – hörte auf zu baden

in männlicher Bewunderung und schließlich fragte sie:
»was will ich denn mit einer unnötigen Sache wie
deiner alten Seele? grau und einfallslos designt –

die passt doch nirgendwo in meine Wohnung!«
ich rief: »Geschmack ist auch ne Frage der Gewöhnung!
sag deinen Gästen halt: dies Möbel ist als Scherz gemeint.«

Südlich von Jakutien

o einmal mit der Transsibirischen!
schwärmte er jahrzehntelang
einmal Demut lernen in unendlicher Weite
die leere Taiga – frei von wirren Stimmen
Erkenntnis eigner Nichtigkeit –
erst hinter Moskau werden wir wirklich!
Toskana aber Algarve Peloponnes
das interessiere ihn nicht
zu heiß zu Bürgertumsidyll zu südländisch
ach wenn Jakutien doch …

als aber in Berlin der Vorhang endlich fiel
das östliche Trauerspiel zu Ende war
Jakutien ihnen offen stand
und seine Frau ihn schließlich fragte
da war Vladivostok plötzlich
ein verfaulender Kriegshafen
am langweiligsten Ende der Welt

etwas südlich davon
erklärte ein Menschheitslehrer einmal
dass der Weise die Welt erkenne
ohne den Fuß
vor die Türschwelle zu setzen
– was wohl seine Frau davon hielt?

Hermann Ruf

Jandls Mops

In politisch
korrekter Zeit

wird der Mops
vom O befreit.

Er kotzt nicht mehr –
er speit.

Spiel

Ente, jung
Wasserspiele
Spiegelung
Wasserspiele
Ente, jung

Wind beendet
Spiegelung.

Gabi Hoeltzenbein

Sterbsthurm

Der Werbsthind lässt heut fretzte Lüchte
unsanft von den Fäumen ball'n.
Ninnenspetze lirrn im Flichte,
Rogelvuf stervummt nun ganz.
Im Flattenschug der Folkenwetzen
wiegt durch den Flald des Londes Micht.
Wätter blirbeln, Schwipfel wanken,
Schlimmelsheusen öffnen sich,
und in wildem Turmes Stosen
flälzen Wuten sich durchs Land.

Auf dem Tasser wanzt das Lerbsthaub
einen wetzten Lalzer noch.

Jochen Stüsser-Simpson

Wolken-Haiku

Nur Wind mit Wolken
Haiku auch ohne Sonne
metaphysikfrei

Überforderung eines einsilbigen Tieres oder Nach der Rückkehr von Ernst Jandls Geburtstagsfeier

ein königreich für ein pferd
fürferdfürferdferdfürfährtfährtfährt
auto pferd auto fehrt
fährt auch so
gegen gegen gegen gegen
auto wumm bumm bumm wumm pferd
spaß staunt jandl jandl staunt
dellen statik innenleben
give the horse a good shake
statik beulen lebenleben
reconstructed horse
pferd belastbar königreich
lieber könig lieber reich
lieber lieber königreich
auf hohem ross ein autofahrer
hohem hohen ross
ist schlecht für ross ist schlecht für fahrer
schlecht ist schlecht ist schlecht
ihm schenk die freiheit schenk sie ihm
bring lass lass bring stell es es
no fear shakespeare
auf weideweide koppel wiese
das königreich das königreich
das königreich ist eine wiese

Helmut Glatz

Am Lyriksee

Da pilgern sie heran die Dichter
kurzatmig mit wackligen Knien
von Denkmal zu Denkmal
Manche bleiben bei Goethe schon stehn
bei Klopstock und Wieland
einige schaffen es den Berg hinauf
bis Rilke und genießen die Aussicht
Die anderen aber: Hinunter hinunter
durchs Gestrüpp der Postmoderne
Dann stehen sie am Ufer
und sehen sich um
So weit der Blick reicht:
Lyrik pur Lyrik pur
Und wie fragt einer geht's weiter?

Zieh dir die Schuhe aus
wirf die Kleider ab
ruft Eva
und hinein
in das Wasser!

Gabriel Pfeifer

Das erste Wort

Am Anfang war das Nichts
Nichts gab es, aber auch rein gar nichts

Oh nein, das stimmt nicht ganz –
Aus der mächtigen Wellen Wehen
hervorgegangen war'n die Teilchen

Und somit gab es Elektronen
Und eines, ein besonders kluges, hatte ein
gelangweiltes Proton im Schlepptau

Und so traf dies Elektron ein andres und
sagte, weil es höflich wollte sein:

$$|\mathcal{E}|=0$$

»Häh?«, sagte das andre Elektron
»Das war das leere Wort«, so sagte sein Kollege
»Häh?«

»Mann, Wörter sind noch nicht erfunden!
So richtig jedenfalls noch nicht.
Es gibt nichts weiter als das leere Wort!«

»Häähh?«
»Mein Gott!«, sagte das erste Elektron

Und dann, als keine Antwort kam:
»Meine Göttin?!«

Und aus dem Nichts kam eine Stimme
und sprach: »Sex!«
Alsdann begann selbst das Proton, die Lage zu begreifen
Und eine halbe spaßige Sekunde später

gab's Wasserstoff
Und somit fing das Universum
an zu sein
Und leider auch die Dummheit
ward geboren …

Götterkrach

Als Zeus mit der Danae den Perseus zeugte (ja, genau, der Typ mit dem geflügelten Pferd), da drang er in den Turm ein, in dem ihr Vater sie gefangen hielt, und beglückte sie in Form eines goldenen Regens. Hier nun ein Blick hinter die Kulissen:

Als Zeus auf seinem Throne saß und missmutig sein Weib
                                                    anschaute,
da runzelte Hera die Stirn, und während sie an ihren
                                                    Nägeln kaute,
fragte ihr Göttergatte sie: »Was ist denn nun schon wieder los?«

Sie antwortete: »Du hast zum wiederholten Mal ein Balg
                                    gezeugt mit einer Sterblichen!«
Zeus schmetterte – rein vorsichtshalber – den Blitz mit
                                                    seinem Donnerkeil
und sprach: »Das ist mein Recht als Herr der Götter – und
abgesehen davon hab' ich dich je gefragt nach deinen
                                                    eigenen Affären?«

Da sagte Hera: »Ich zumindest habe es nicht nötig, mich in
irgendwelche Tiere zu verwandeln, um schöne Sterbliche
zum Beischlaf zu bewegen – doch meinetwegen, wenn du
                                                    das brauchst …«

»Worüber beschwerst du dich dann so? Ein jeder lebt sein
                                                    eignes Leben.«
»Weshalb ich mich so aufrege? Das fragst du? Du warst ein Stier,
                                                    ein Schwan

und was weiß ich noch alles. Doch diese Danae«, da
stockte ihre Stimme.

Die Herrin aller Götter, bebend in ihrem Zorn, sie knurrte,
kreischte, keifte:
»Du hast sie angepisst, damit sie schwanger wurde!«
Da wurde Zeus verlegen und schaute unter sich: »Ach
Hera, Liebste,
ich konnte doch nicht ahnen, obgleich ich glaubte mich
allwissend,

doch wurde ich eines Besseren belehrt, als ich Danae
beehrte …
Ich konnte doch nicht ahnen, dass manches, was die
Menschen wünschen,
selbst uns, die alten Götter, überrascht … Und Danae, nun
ja, sie wollte es…«

»Du wagst dies allen Ernstes zu behaupten?«, so schäumte
des Götterkönigs Weib.
Und Zeus schaute betreten drein, der Donnerkeil war
längst vergessen.
»Sie stand nun mal auf Wassersport, oh Hera, meine
Gattin!
Es war mir eine Lehre, meine Liebe. Zu glauben, Menschen
seien weniger absonderlich als wir, die Götter,
war schlicht und einfach nur vermessen.«

Margarete Karetta

Die Geschichte von der Küchenschabe

Kosmos
küss mich
Küchenschabe

drei Zeilen
eben erst dem Hirn entsprungen
unscheinbar
aber dennoch bereit
die Menschheit zu revolutionieren

darauf warten
wir alle

Kosmos
küss mich
Küchenschabe

Nein
das kann es wohl auch nicht gewesen sein

Elisabeth Schwaha

Entstehung eines Sonetts

Zum Sonette drängt's den hoffnungsfrohen Dichter
aus tiefen, ungereimten, rhythmuslosen Sphären,
denn auf die hohe Kunst des Reimens ist erpicht er,
möcht' er doch glorioses Applaudieren hören.

Doch wie die Esel stemmen sich die Worte bockig
den Sechserjamben stur, voll Eigensinn entgegen,
die Reime fließen nicht so lyrisch, leicht und flockig,
wie's in des Dichters hehrer Absicht hat gelegen.

Der Dichter aber, voller wilder Schaffenskraft,
wirft sich mit der Poeten eig'nen Leidenschaft
auf diese grauen Esel, um sie sich zu zähmen.

Derart entsteht nun Zeil' für Zeile ein Sonett;
und sind auch Reim und Rhythmus manchmal recht ein Gfrett,[*]
will doch der Dichter Lorbeer gern entgegennehmen!

[*] *Gfrett von fretten, mhd. vretten = sich abmühen, abquälen. In Wien sehr gebräuchlicher Ausdruck für Unbilden aller Art.*

Andreas Schumacher

Der Zauberberg
in sieben Strophen

Hans Castorp, ein einfacher Schiffsbaustudent,
besucht, von der Heimatstadt Hamburg getrennt,
im »Berghof« (Davos) einen kranken Verwandten.
Er selbst ist gesund, hat von allen bekannten

Erkrankungen keine, wenngleich Anämie
einst festgestellt wurde als Anomalie.
Hans Castorp verliebt sich in Clawdia Chaucat,
die Glastüren zuwirft, ihr Mann ist nicht da.

Er fuhr auf drei Wochen. »Man fühlt ja *hier oben*
die *Zeit* gänzlich anders, man scheint ihr enthoben«,
erklärt ihm sein Vetter --- MARIA MANCINI ---
HANS CASTORPS ZIGARRE* --- doch Herr Settembrini

beschwört ihn, den »Berghof« *sofort* zu verlassen.
Die Ärzte (Krokowski und Behrens) verpassen
ihm rasch ein paar Kuren. Er solle auch messen.
Das tut er dann täglich, verstärkt nach dem Essen.

Nachdem er beim Essen wie immer Chauchat sah,
steht freilich auch immer ein bisschen zu viel da.
Hans Castorp verlängert. Es philosophieren
Herr Naphta und S. – bis sie sich duellieren.

* *Werbeanzeige*

Hans Castorp fängt an, dicke Bücher zu lesen,
besucht Moribunde, bewundert das Wesen
von Peeperkorn, Clawdias erkranktem Gemahl,
der irgendwann auftaucht und aushaucht. Die Zahl

der Toten steigt ständig. Joachim, der Vetter,
stirbt auch. Siebtes Jahr und bescheidenes Wetter:
Hans Castorp betreut den Musikapparat,
doch dann bricht der Krieg aus – H. C. wird Soldat.

Der Problemschüler und
der Kurpfuscher von Bad Gosen

(aus dem Zyklus »Gespräche vom Rande der Raucherecke«)

Geschichteklausuren sind endlich Geschichte!
Zumindest für mich, Mann. Du kennst doch den Fichte?

Ein liebender Gatte, ein treuer Gemahl …
Das dachte ich auch mal. Er schien auch normal.

Dann bin ich im Urlaub im Heilbad Bad Gosen
durch Zufall auf bessere Quellen gestoßen.

Dort saß er im Becken und ließ einen fahren,
nicht einen alleine, ich schätze es waren

gleich mehrere tausend. Die Löcher im Sieb
wird kaum jemand zählen. Es zählt das Prinzip.

Genauer betrachtet verhielt es sich so:
Ich lag auf 'ner Liege und sah ihn vom Klo

im Eilschritt in Richtung des Beckens marschieren,
als dürfe er keine Sekunde verlieren.

Dann stieg er ins Becken, dort saß er alleine
(wo war denn die Fichte?) und spreizte die Beine.

Minuten vergingen. Wie ruhig er war!
Ich dachte nichts Schlimmes. Das Wasser war klar.

Dann rief er den Meister des Bades vor Ort
und gestikulierte. Der Meister ging fort.

Im Becken nichts Neues. Ich döste fast ein.
Herrn Fichte gebührte ein Heiligenschein.

Doch plötzlich erscheint eine platzende Blase
im Wasser vor Fichte. Ich rümpfe die Nase.

Dann hagelt es Blasen. Der Pool scheint zu sieden –
Herr Fichte bleibt sitzen und lächelt zufrieden.

Anscheinend (was braucht's, einen Herrscher zu stürzen?)
entwich ihm ein ganzes Geschwader von Fürzen.

Laut Fichte ist mitschuldig der, der nichts sieht,
wenn vor seinen Augen ein Unrecht geschieht.

Begannen die Gäste das Weite zu suchen?
Begann wer im Heilbad auf Fichte zu fluchen?

Von wegen! Anstatt es der Aufsicht zu stecken,
marschieren sie strahlend ins brodelnde Becken!

Die Aufsicht tat gar nichts, sie war wohl geschmiert,
zum Glück gab es mich, ich hab alles notiert.

Was lernen wir hiervon? Im Heilbad Bad Gosen
verabreicht man Fürze in höheren Dosen.

Ich kann ja die armen Erkrankten verstehen,
die hoffen und überall Luftschlösser sehen.

Herr Fichte dagegen ist mega-pervers.
Ich schreib bei der nächsten Klausur einen Vers,

Herrn Fichte gewidmet, aufs Aufgabenblatt
und krieg einen Einser (sonst mach ich ihn platt!):

Sie haben mich gar nichts zu fragen, Herr Fichte,
Bad Gosen, ich kenne die ganze Geschichte!

Herr Trutz

Trutz bereitet andern Leuten
gerne kleine Alltagsfreuden.

Beispiel: morgens, früh beim Bäcker,
sagt er: »Das Croissant war lecker.
Luftig-leicht wie ein van Gogh –
grüßen Sie von mir den Koch!«

Oder sieht er beim Discounter
was im Angebot, dann staunt er,
und er legt's (kein Dank fürs Tragen!)
fremden Leuten in den Wagen.

Fehlen wem, den er nicht kennt,
an der Kasse drei, vier Cent,
ja, dann springt er gerne ein,
hilft mit einem Spielgeldschein.

Ist ein Parkplatz vollbesetzt,
geht er rum, verkündend: »Jetzt –
schließlich gilt ja: *panta rhei* –
wird bestimmt ein Plätzchen frei.«

Stellt ihm seine Pflegerin
abends was zum Essen hin,
spricht er immer ein Bonmot,
und er fasst ihr an den Po.

So bereitet Trutz den Leuten
gerne kleine Alltagsfreuden.

Jan-Eike Hornauer

Kurze Plauderei
zweier junger Männer

aufgeschnappt bei Bacharach

»Auf nem Fels wohnt Loreley.«
»Sag warum!«
»Nirgendwo ein Zimmer frei!«
»Nein, wie dumm.«

»Und beim Waschen hat's ihr Hemd …«
»Sprich nur zu!«
»… gestern auch noch fortgeschwemmt!«
»So? Nanu.«

»Nackt und einsam sitzt sie da.«
»Ach herrje!«
»Schau's Dir an, ist wunderbar!«
»Ja, ich geh!«

Liebesnacht

von unwirklicher Erscheinung

Es liegen zwei in ihren Betten,
die ach so gern einander hätten.
Jedoch: Die Betten sind getrennt,
wie sehr die Leidenschaft auch brennt.

Im Geiste aber und den Lenden
beginnt das Schicksal sich zu wenden:
Sie fassen, in des andern Bann,
zu gleicher Zeit sich hitzig an.

Und winden sich in ihren Betten
schon bald, wie wenn sie doch sich hätten,
zerstöhnen lustvoll alle Zeit,
so ganz allein – und doch zu zweit.

Ein Lehrstück von den Leidenschaften
– und dass sie gar Distanz verkraften!
Nur eines macht dies etwas schal:
Es war der beiden bestes Mal.

Oh Du!

Seh ich Deine Schenkel wandeln:
An ich will mit Dir gleich bandeln.
Schau ich Deinen zarten Nacken:
Größte Lust dräut mich zu packen.
Späh ich auf die Schulterblätter,
fährt mir ent ein »Donnerwetter!«.
Fällt der Blick auf Deine Titten …
hach, wie gern wär ich inmitten!
Streift er über Deinen Bauch,
stöhnt sich mir: »Den will ich auch!«
Zuckt vor ihm Dein prächt'ger Arsch:
Auf zu mir, hopphopp, marschmarsch!
Blicke er ich Dein Gesicht,
denke ich: »Ach, besser nicht.«

Du zeigst wirklich eindrucksvoll,
was man stets beachten soll:
Macht es einen echten Sinn,
schaue man genaustens hin,
doch man halte sich zurück,
will man nur ein Stückchen Glück.

Unschuldserklärung

Mein Niveau geht manchmal flöten,
manchmal spielt es auch Klavier,
gerne zeigt sich's musikalisch,
da kann ich ja nichts dafür.

Ein Zugezogener schwadroniert in aller Kürze u. a. über die Fauna des südlichsten Freistaats unseres Territorialgefüges

Ja, Bayern ist ein ländlich' Land,
bestückt mit vielen Tieren.
Auf allen Zwei'n sind sie im Stand
und auch auf beiden Vieren.

Und Arten sind in aller Mund,
die sind schon wirklich rarig:
Vom »Au-Vieh« geht z. B. die Kund'
– doch wurd' noch keins gewahr ich.

War's immer bloße Illusion?
Ist's heute erst so selten?
Egal: Kraft Bayerns Tradition
wird's stets als lebend gelten.[*]

---

[*] *Noch seltener als das »Au-Vieh« ist – ganz logischerweise übrigens – eine spezielle Untergattung dieser Tierart: das »Au-Vieh mit Gebrüll«. Angeblich wurden Exemplare dieser Kategorie eine Zeitlang wegen »des Willens zur Erlangung von einem Mehr an Lokalkolorit«, wie ein politischer Insider verrät, in einigen Kauf- und Warenhäusern im touristischen Zentrum der Landeshauptstadt eingesetzt; der Plan habe zwar auch funktioniert, man habe durchaus, wie angestrebt, ein »weiteres Alleinstellungsmerkmal« gehabt, sei aber auch tatsächlich recht schnell allein dagestanden, zum einen wegen der »gewöhnungsbedürftigen Akustik«, zum anderen wegen des »entsetzlichen Gestanks« – und die Futterkosten seien zudem auch noch »unerwartbar hoch« ausgefallen.*
Persönlich mag ich diese Geschichte nicht ganz glauben, denn sie stammt von einem ins politische Tagesgeschehen seit Jahrzehnten zutiefst Verstrickten. Die Existenz der Untergattung hingegen ist nicht anzuzweifeln. Argumentationsstrang siehe obiges Gedicht.

Der schmunzelnde Poet ■ *Jan-Eike Hornauer*

Aussortiert

Habe
ein Schneckenhaus
mir angeschaut

Hatte
nicht sehr viele
Zimmer
und gar keine
Küche

Habe es
wieder zur Seite
gelegt

Eine
Verbesserung
der Wohnsituation
wäre das nicht

Beim Versuch
nach draußen zu blicken

Baugerüst vor meinem Zimmer,
frugst noch nie und fragest nimmer,
stehst nur eitel* stetig stumm
in dem Kleinsten groß herum,
manchmal bloß, da schlägst Du Krach
– selbstbezogen, sinnlos, schwach –,
grad am Anfang und am Schluss.
Willst Du Mensch sein? Lass den Stuss!

* *Wortgebrauch hier u. a. in Anlehnung an Gryphius,*
also auch »vergänglich« meinend.

Melancholisches Fast-Aufbegehren
von verblüffender Allgemeingültigkeit

(gehört und sogleich aufnotiert in einem Berliner Altenheim)

Der Haifisch, der hat Zähne,
und ick hab leeder keene.
Ick wollt so gern ein Haifisch sein
und leben nich von Brei allein!
N Haifisch uff zwee Beene.
Doch Zähne ha ick keene.
Drum würg ick mich die Pampe rein
und träum nur von, ein Hai zu sein.
Denn ick ha leeder keene,
der Haifisch nur hat Zähne.

Mondscheinargumentation

Mann im Mond, bist Du noch wach?
Wirklich? Zu so später Stunde?
Bist Du's nicht, so hör' die Kunde:
Licht aus, sonst gibt's echt mal Krach!

Umweltschutz muss zwingend sein,
grad an exponierter Stelle!
Und auch schlaf' auf alle Fälle
ich im Dunkeln besser ein.

Inmitten eines
verregneten Sommers

Doch noch Sonne! Unerwartet
strahlt sie hart vom blauen Himmel.
Rotfuchs wird so mancher Schimmel,
bis er schließlich heimwärts startet.

Dehydriert, versengten Felles
geht zufrieden er zu Bette,
denkt sich: »Darauf jede Wette:
größtes Glück – mein aktuelles!«

Hansens Baum

Ob denn auch wirklich ganz korrekt
der Baum sich Richtung Himmel streckt,
hat Maler Hansen untersucht
– und schließlich schrecklich laut geflucht,

ja, gar getobt ganz teufelswild:
Der Baum, er passte nicht zum Bild!
Auf jeden Fall nicht ganz genau:
für Hansen eine Horrorschau.

Drum fällt er ihn und macht ihn klein
– denn was nicht sein kann, kann nicht sein! –
und baut ihn, strikt nach Bildverlauf,
im Anschluss endlich richtig auf.

Notizen eines bergwald-
wandernden Großstadtdichters

Heute geht's in die Natur
und von der Entfremdung fort!
Wald, das ist doch Leben pur!
Und die Stadt ein toter Ort.
(Hört man zumindest sehr häufig –
bin mal gespannt, ob's stimmt.)

Freu mich schon aufs Brotzeitmachen
ganz alleine tief im Wald.
Hab' dabei so leck're Sachen
und Getränke, herrlich kalt!
(Doch erst die Arbeit, dann das Vergnügen!)

Mit dem Auto angekommen
an dem Punkt, wo ich nun bin,
ist es Zeit für den Beginn:
Hin zum Berg und ihn erklommen!
(Bewundere mich für meinen Enthusiasmus.
Und stelle mal wieder fest: Der Mensch kann
viele Rollen, auch ungewohnte, er muss sich
nur einlassen!)

Wanderschuhe hab' ich an,
dass ich besser laufen kann.
(Warum tragen Kleinkinder beim Laufenlernen
eigentlich nie welche?)

Mit 'nem Rucksack auf dem Rücken
kann man sich recht schlecht nur bücken.
(Komisch, dass es ausgerechnet dann gerne von einem
erwartet wird, wenn man einen trägt, und noch dazu
einen richtig schweren, im Wal wie auch im Leben.)

In der Hand, was Gott mir gab,
wird es mir gar niemals bang:
Herrlich hart und richtig lang,
so zeigt sich mein Wanderstab.
(»Natur« metrisch nicht möglich, deswegen hier
»Gott« trotz Unglauben; zum Glück nur private
Sudelei, sonst wär' das ein peinliches Vorgehen,
den Inhalt der Metrik zu opfern, fast noch schlimmer
wie andersherum.)

Huch, ich hätt' sie fast verpasst!
Grade war ich so im Lauf,
hatte drum kein Auge drauf.
Hach, ein Opfer meiner Hast
wurde fast die erste Rast!
(Jetzt aber schnell hingesetzt,
Trinkflasche und Tabak raus!)

Frisch gestärkt und wahrlich heiter
geht's nun weiter, weiter, weiter …
(Schlechter Reim und Inhalt schwach:
Doppelt stöhne ich nun: »Ach!«

– Darf ich im Kursiven dichten?
Ja, ich darf's – ich darf's mitnichten.)

Einsamkeit, Du geiles Tier,
ach, wie sehn' ich mich nach Dir!
Du jedoch lässt mich allein,
lässt mich unter Menschen sein!
(Haben die alle nichts Besseres zu tun,
als hier im Wald herumzuscharwenzeln?)

Viele Menschen: Macht das schon,
hier ist Zivilisation?
(Wohl eher nicht. Siehe auch: Weltgeschichte.)

Ach, die geh'n mir auf den Sack:
Wo man hinsieht nichts als Pack!
(Irgendwie hübsch traditionell: Über Wanderschaft
zu schreiben und dann »Sack« und »Pack« zu
verwenden. Fühle mich zurückversetzt in alte,
romantische, märchenhafte Zeiten!)

Kommt denn mal der Gipfel baldig?
Müsst's nicht hier schon kahler sein?
Hoffe, hier ist's nur so waldig
durch 'nen Fehler im Design.
– Glaub' an mein Utopia,
wähne mich dem Kreuz ganz nah!
(Frischer Mut muss manchmal geschöpft werden, auch
wenn er möglicherweise gar keine echte Quelle hat, da ist

ja nichts Verwerfliches dran, nicht immer kommt er einem
schließlich zugeflogen. – Scham- gefühl ob dieser grauenhaften
Bildkollision. – Und Gefühl geradezu religiöser Erhabenheit
aufgrund der letzten beiden Verse. – Scham und Religion: auch
nichts Neues.)

Gibt es das? Das gibt's doch nicht:
Gipfel weiter nicht in Sicht.
(Enttäuschung macht sich breit und schubst Zuversicht
langsam, aber sicher von der Couch. Zeit zwischen diesem
und dem vorigen Eintrag: Irgendwas zwischen fünf Minuten
und der Ewigkeit.)

In Geduld muss man sich üben,
dann kommt Schönes in den Blick:
Dieses Mädchen gleich da vorne
ist – von hinten – wahrlich schick!
(Eine Beurteilung von vorne ist mir leider
bislang verwehrt. Nun gut, wenigstens bleibt so
die Illusion am Leben.)

Ach, wie schnell bist Du vergangen!
War nur für 'nen Wimpernschlag,
dass hier Gutes vor mir lag,
also vielmehr ging.
Gering
ist das Glück mit diesen Schlangen,
die ins Paradies Dich führen

könnten. Immer wieder muss man's spüren.
Und es wird auch dieser Tag
davon nicht verschont.
Gelohnt hat es sich trotz alledem,
holde Maid
im Blümchenkleid!
(Die körperlichen Anstrengungen hinterlassen
nun offenbar auch schon geistig ihre Spuren. Mist.
Trotzdem durchhalten, Dichter haben eh diesen Ruf
des Verzärteltseins, da muss man gegen angehen!)

Es fühln sich meine Beine
an, wie wenn aus Steine
sie wärn.
(Scheiße, jetzt läufts völlig ausm Ruder.
Erst einmal kurze Rast, was trinken, rauchen.)

Notiere hier nur kurz und schlicht:
Hockt man so am Wegesrand,
sieht man wirklich allerhand.
Vieles säh' man besser nicht.
(Genauere Beschreibung weder dem Erstellenden
noch dem Rezipierenden zumutbar, sogar – oder
erst recht dann, wenn es sich bei beiden um ein
und dieselbe Person handelt.)

Der Moment ist endlich da:
Kenne nun die Erika
und auch ihren Mann, den Gunther.

Ab zum Gipfel und schnell runter!
(Die beiden hält nun wirklich keiner aus,
neuerlicher Kontakt muss zwingend vermieden werden.)

Meine Schuhe sind sehr schön,
wenn sie steh'n und wenn sie geh'n.
(Nenne sie Henriette und Klaus.)

Pausen machen, das ist wichtig:
Nunmehr läuft sich's wieder richtig!
(Danke, Henriette und Klaus, aber auch euch,
Erika und Gunther, denn zu lange Pause wäre
ja auch nicht gut gewesen!)

Habe wieder frohen Mut.
Finde das fantastisch gut!
(Wie man doch aus Tiefs wieder herausfinden kann!)

Dieser Weg, er hört nicht auf.
Mache drum im Gipfellauf
erst einmal jetzt richtig Pause:
Trinken, rauchen, ruhen, Jause.
(Mann, tut das Sitzen gut!)

Ist der Schweiß auch längst schon trocken:
Ich bleib noch ein Weilchen hocken.
(Entschleunigung muss auch gelebt werden!)

Ein Geplapper um mich rum!
Furchtbar laut und schrecklich dumm.
*(Bis diese Frauenkegelclub-Wandergruppe kam, war's ja noch
erträglich, aber jetzt ist's wirklich kaum mehr auszuhalten.)*

Und es nahen, ach du Schreck,
Erika und Gunther dort!
Höllenort wird dieser Fleck
Erde, einstmals schön.
Dringend Zeit, nun fortzugeh'n:
Rucksack auf und nur noch weg!
*(Nachtrag, fünf bis zehn Minuten später: Würd' ich mir
jetzt eine Mullbinde um den Finger wickeln, ergäbe das
einen Vertriebenenverband.)*

Waldes Schönheit, Weges Pracht,
seid am End' ihr nur erdacht?
*(Na, hoffentlich nicht! Bislang aber verstecken sie
sich ziemlich gut …)*

Vorwärts, vorwärts, Schritt um Schritt!
Ich geh vor und laufe mit!
*(Macht das nun gar keinen Sinn oder ist es tief
philosophisch? Unklar. Auf alle Fälle aber hilft die stetige,
halblaut ausgestoßene Wiederholung beim Weitermachen.)*

Wandern ist nicht sehr poetisch.
Gleiches gilt für Omas Nähtisch.

(Kaum von der Hand zu weisen. Aber auch erwähnens-, ja überhaupt denkenswert? – Und ist gerade letztere Kategorie überhaupt zulässig, logisch, moralisch sowie politisch? Diese Fragen zwingend später klären, jetzt erst einmal auf die aktuelle Aufgabe konzentrieren!)

Schultern, Rücken, Füße, Beine:
Ich will andre, wer will meine?
(Cyborg – nicht unbedingt eine Schreckensvision.)

Und jetzt sticht mich auch noch was!
Ehrlich mal: Natur schürt Hass!
(Alles andere ist doch unhaltbarer Romantikerunfug!)

Ich seh', ich seh' das Gipfelkreuz!
glücklich sei und heul und schneuz
(Ein herrliches Gefühl, das da in mir aufsteigt nach dem Nachfolgen des Weges um die jüngste Biegung! Elementare Perspektivverschiebung! Überaus bemerkenswert! Nachgerade sensationell!
Nachtrag kurz darauf: Die Kehrseite ist, ab jetzt kann es nur noch bergab gehen … Muss es bergab gehen … auch im wörtlichen Sinne … Der ganze Weg nochmals? Schauderhafter Gedanke! Erstens sowieso. Und dann noch für mich als Dichter: Beginne ein Buch ja auch nicht von hinten, wenn ich es gerade von vorne beendet hab'. Systemische Unlogik, ideologischer Mumpitz, Wandern ist nichts als Umherstochern im Irrsinn der Natur, der zivilisierten noch dazu. Ergibt doch alles keinen Sinn, beim besten Willen nicht! Wieso aber wird dann so oft gerade das Gegenteil behauptet? Nun gut, dass viele Leute viel Blödsinn erzählen – und immer wieder auch nichts als das,

lebenslänglich –, das weiß man ja, aber dass so viele meiner Kollegen
auch ... Tiefste Erschütterung. Fürchte Sinn- und Existenzkrise. Sehe
sie kommen. Werde ihr nicht mehr entgehen können. Verzweifle.)

[Anmerkung des Herausgebers: Mit diesen Worten endet
der letzte vollständige Eintrag des Wanderpoeten in seinem
Notizbuch. Darunter folgen nur noch ein paar ganz helle
Flecken – Tränen, Wasser, Schweiß? – und, in großen
Lettern, ausnehmend druckvoll und unsauber eingetragen,
ein einziges Wort, ebenso unpoetisch wie fremdländisch.
Es lautet: FUCK.
Auf der nachfolgenden Seite – man muss ein Mal umblät-
tern, um auf sie zu gelangen – findet sich dann der letzte
Eintrag im ganzen Notizbuch, dieser stammt nicht vom
Poeten, soll aber an dieser Stelle nicht unerwähnt bleiben:]

Toll, dass wir Dich kennengelernt haben! Dann hast du endlich
auch den ersten Eintrag in deinem Wanderbuch! Allgemein ein
spitzen Tag! Gibt es was Schöneres als Wandern? Hoffentlich
sehen wir uns bald mal wieder!

Erika mit Mann Gunther

Hier gleich noch unsere Telefonnummer: xxx – xx xx xxx! Bussi!

[Eintrag und vollständige Unterschrift aus einer Hand und
von weiblicher Anmutung; Telefonnummer für vorliegende
Buchveröffentlichung unkenntlich gemacht.]

Nachwort

Das *komische Gedicht* ist im Deutschen eine Gattung mit langer Tradition. Und wenngleich es in den Lyrik-Standardwerken für gewöhnlich massiv unterrepräsentiert ist, also die Anerkennung der Kanonisierer und des germanistischen Betriebs nur in starken Grenzen findet, so erfreut es sich doch traditionell großer Beliebtheit gleichermaßen bei Lesern und Dichtern.

Dies ist keineswegs selbstverständlich, der internationale Vergleich beweist: Die deutschsprachige Literatur geht hier einen Sonderweg. Und den beschreitet sie mit ebenso großer wie freudiger Entschlossenheit. Das zeigt sich auch daran, dass komische Gedichte keineswegs nur von den Dichtern verfertigt wurden, die man gleich mit dieser Gattung verbindet, wie zum Beispiel Heine, Busch, Ringelnatz und Gernhardt. Nein, auch ein Großteil jener, die man gemeinhin dem ernsten Fach zuordnet, hat immer wieder auch (mit voller Absicht!) komische Gedichte verfasst, darunter Goethe, Storm, Benn und Brecht. Allein dies ist ein deutlicher Hinweis darauf: Komische Gedichte sind Literatur. Oder können es zumindest sein, so wie eben auch ernste Gedichte Literatur sein können, es aber freilich nicht in jedem Fall sind.

Entscheidend ist im Ernsten wie im Komischen und in all den Bereichen dazwischen: Mindestens auf einer der drei Ebenen (Inhalt, Sprache, Gestaltung) muss das Gedicht mit etwas Neuem, Überraschendem bestechen können – und nach Möglichkeit zudem über sich selbst hinausweisen. Sind diese Voraussetzungen erfüllt, wird aus einer Anthologie mit komischen Gedichten auch »viel mehr als eine Witzesammlung« (das Main-Echo zu »Wortbeben«, der ersten von mir herausgegebenen Anthologie mit komischen Gedichten). Dann ist zwar ein großes Lesevergnügen gegeben, aber es hält nach der Lektüre auch keine Leere Einzug, sondern es bleibt etwas zurück. Und die Gedichte selbst haben die Kraft, auch Jahrzehnte und vielleicht sogar Jahrhunderte später noch zu begeistern.

Selbstredend wird dies nicht allen gelingen: Manche verfügen doch nicht über die Stärke, die man ursprünglich in ihnen vermutet hat, entweder weil es ihnen an Substanz mangelt oder weil sie zu sehr im Jetzt verhaftet sind, andere sind zwar stark, werden aber von Gattungsgenossen noch übertrumpft und schließlich überwuchert, und wieder andere werden von der nachwachsenden Literatur unter sich begraben, ohne dass es dafür einen echten Grund gibt. Nur wenige Texte werden letztlich über lange Zeiten wirklich präsent sein – wie es auch in allen anderen literarischen Gattungen der Fall ist.

Sie aber sind so unvergänglich, wie Literatur es eben nur sein kann. Sie mögen mit Leichtigkeit daherkommen, doch sie haben das Gewicht zu bleiben. Und sie mögen einen zum Lachen bringen, doch sie erzeugen mehr als nur Gelächter.

Wirklich gelungene komische Gedichte – sie sind ein Lesespaß, der wie nebenbei die Untiefen von Sprache, Kultur und Welt auslotet. Sie regen an, ohne anstrengend zu sein. Sie sind Unterhaltung im allerbesten Sinn, ihren ernsten Kollegen dabei in nichts nachstehend, nur eben von anderer Art.

Seit langem bin ich ein begeisterter Anhänger dieser wunderbaren Gattung – zunächst als Leser, dann auch als Verfasser und schließlich überdies als Herausgeber. Und es ist mir immer wieder eine besondere Freude, festzustellen wie überaus lebendig sie ist, dass sie nicht nur eine große Vergangenheit hat, sondern auch eine ebensolche Gegenwart und, wie es aussieht, Zukunft. Ihre Lebendigkeit und ihre immense Breite (und somit Überlebensfähigkeit) wird dabei nicht nur mittels ihrer Präsenz auf dem Buchmarkt unter Beweis gestellt, sondern auch durch die ungeheure Zahl der sie Schaffenden, die teilweise noch nie an die Öffentlichkeit getreten sind: Rund 1.800 bislang unveröffentlichte komische Gedichte wurden im Rahmen der dieser Anthologie zugrunde liegenden offenen Ausschreibung eingesandt. Über 200 Autoren beteiligten sich.

Komische Gedichte werden also weiterhin geschrieben, in großer Zahl und von vielen, vielen Autoren. Und immer wieder finden sich unter all den stetig neu entstehenden Lyrikstücken solche von wahrlich besonderer Pracht. Die, deren Auffinden im Zuge des Einsendungen-Durchforstens mich besonders beglückt hat, sind in diesem Band versammelt.

Ich hoffe, lieber Leser, Sie haben an ihnen ebenso viel Freude gefunden wie ich – sowie auch einiges an Inspiration. Und ich bedanke mich bei allen Autoren, den hier nicht abgedruckten sowie selbstredend den in diese Anthologie aufgenommenen – für ihr Engagement für dieses Buch, für ihr Engagement für eine ganz besondere Literaturgattung.

Jan-Eike Hornauer
München, Januar 2013

Der Herausgeber

Jan-Eike Hornauer

1979 in Lübeck geboren, in Hausen bei Aschaffenburg aufgewachsen, Studium der Germanistik und Soziologie in Würzburg, wohnt jetzt in München. Leidenschaftlicher Textzüchter (freier Autor, Herausgeber, Lektor und Texter). Erster Band nur mit eigenen Texten: »Schallende Verse. Vorwiegend komische Gedichte« (Lerato 2009; Radio Orange bescheinigt ihm »Humor, Tiefsinn und Lebensweisheit« und Kultura-Extra feiert ihn als einen »Lesespaß, der in der modernen Lyrikwelt seinesgleichen sucht«). Herausgeber und Mitautor mehrerer Prosa-Anthologien, zuletzt »Grotesk! Eine Genre-Anthologie« (Candela 2011; laut Wir lesen »ein Muss für jeden, der nicht auf 08/15-Literatur steht«), sowie der Lyrik-Sammlung »Wortbeben. Komische Gedichte« (Lerato 2007; »Die ›Frankfurter Neue Schule‹ lebt«, jubelt das Main-Echo). Dazu Veröffentlichungen in Anthologien und Literaturzeitschriften sowie im Radio. Zweiter Vorsitzender des Münchner Künstlervereins Realtraum. Gehört zu den größten Literaten Deutschlands (exakt zwei Meter Körperlänge). **www.textzuechterei.de**

Die Autoren

Heinrich Beindorf

1956 am Niederrhein geboren, seit 1990 als Gerichtsdolmetscher und Übersetzer in Köln sesshaft. Autor von Gedichten und Kurzgeschichten, die in Zeitschriften (»Klivuskante«, »Asphaltspuren«, »do!PEN«) und Sammelwerken erschienen sind (u. a. bei Konkursbuch, Free Pen, Wieser/Klagenfurt, Ed. Splitter) und gelegentlich ausgezeichnet wurden (u. a. Nominierung zum Kärntner Krimipreis 2006, International Merit Award 2006 & 2007 der US-Lyrikzeitschrift »Atlanta Review«, longlisted zum britischen Bridport Prize 2006, Preis der 42er Autoren 2008, Sonderpreis des Uschtrin-Verlages beim Jokers-Lyrikpreis 2011). Zuletzt Veröffentlichungen in »Blackbox Germany 2011« des Acheron-Verlages (Lyrik) sowie der »Winterreise«-Anthologie zu den 3. Berner Bücherwochen (Kurzgeschichte »Zero«).

M. C. Bertram

Irgendwann im Rheinland geboren und aufgewachsen. Nach Besuch der Kunstakademie und der Heinrich-Heine-Universität Düsseldorf erschließen sich Texte wechselnden Eindrücken, halten flüchtige Veröffentlichungen nicht nach und bitten um userseitige Nachsicht.
http://M.C.Bertram.isthier.de

Christian W. Burbach

Endfuffziger (Jahrgang!), am schönen Rhein geboren, verdingt sich im bürgerlichen Dasein als Unternehmensberater und Immobilienbewerter. Um nicht gänzlich im Zahlensalat abzuschröpseln, entglitten seiner kargen Klaue zwei im Wiesenburg Verlag erschienene Romane zum allseits beliebten Thema Psycho: 2009 »Scheinzeit. Nach dem Suizid der

Partnerin«, eine intime Chronik und zugleich ein dezenter Ratgeber rund um die Themen Schuld, Einsamkeit und Aufarbeitung, und 2010 »Seelenklempner Doktor Smiley. Julias letzter Fall«, eine ziemlich abgefahrene Geschichte, die in Burbachs Wahlheimat Nürnberg spielt, neben fränkischem Lokalkolorit vor allem schräge Einblicke in tiefe Abgründe bietet und beweist, dass gerade diejenigen die besten Psychologen sind, die selbst das dickste Rad abhaben.

Wolfgang Christl

1941 in Passau geboren und aufgewachsen. Nach dem Studium verbrachte er die Zeit bis zum Eintritt des Ruhestandes damit, Gleise für die Münchner U- und Straßenbahn zu bauen. Im anschließenden Lebensabschnitt begann er, sich literarisch zu betätigen. In reicher Zahl sind seine Texte, die großteils auf Reisen und Wanderungen entstanden sind, bereits in Anthologien und Zeitschriften erschienen.
www.christl-muenchen.de

Horst Decker

1947 in Wiesbaden geboren, wohnt nun in der Wetterau. 13 Semester Physik an der TH Darmstadt, um dann in der Industrie zu arbeiten. Anschließend bis heute als Dienstleister für Filmproduktionen, Fernsehen und Museen selbständig. Schon als Kind erste kleinere Gedichte und Geschichten, ab 2008 gezielt den Weg an die Öffentlichkeit gesucht. Beiträge in zahlreichen Anthologien. Im Sachbuchbereich zwei Titel selbst geschrieben und zwei aus dem Englischen übersetzt (einen davon auch inhaltlich erweitert). Bemerkenswert ist hier u. a. sein breites Themenspektrum, das vom Buchbinden über die Mehrwertsteuer (Decker als Autor) bis zu

2. Weltkrieg und Modellbaubemalung (Decker als Überset-
zer) reicht. **www.horst-decker.de**

Alex Dreppec
1968 in Jugenheim bei Darmstadt geboren, Studium der
Psychologie und Germanistik, promovierter Psychologe.
Arbeitet als Berufsschullehrer u. a. in der Ausbildung von
angehenden Erzieherinnen in Darmstadt. Gedichtband
»Die Doppelmoral des devoten Despoten« (Eremiten-Presse
2003), Hörbuch »Metakekse« (Ariel-Verlag 2007), daneben
u. a. in mehreren Standardwerken, z. B. »Hell und Schnell«
(Hrsg.: Robert Gernhardt, Klaus Cäsar Zehrer; S. Fischer
2005), »Der große Conrady« (Neuauflage 2008; Artemis &
Winkler). Gewinner des Wilhelm-Busch-Preises 2004. Er-
fand 2006 den Science Slam in Darmstadt, der sich seitdem
international ausbreitet. Außerdem Erfinder einer Salatsoße
(Erdnussbutter in warmem Wasser aufgelöst, Joghurt, Kori-
ander, Limettensaft, Salz, Pfeffer) und eines Obstsalatdres-
sings (Joghurt, Grapefruitsaft, Kokosraspeln, Kardamom-
pulver, Zucker). **www.dreppec.de**

Christian Engelken
1965 in Hannover geboren. Studium der Germanistik, Mu-
sikwissenschaft und Philosophie in Göttingen und Ham-
burg, lebt heute in Hannover. Kaufmännische Ausbildung.
Tätigkeiten u. a. im Lektorat eines Verlages und in der
Unternehmensverwaltung. 2009 erschien sein Buch »Die
Neuvermessung Hildesheims«, zu dem es 2010 im Hildes-
heimer Lyrikpark eine Installation gab. 2011 veröffentlichte
er den Band »Kurvendiskussion« in der Reihe »Poesie 21«
des Leitner-Verlages. Weitere Veröffentlichungen u. a. in

Anthologien und Zeitschriften, zuletzt im »Sterz« (2012).
Postkarten- und Posterprojekte. Mitglied im Autorenkreis
»Die Hildesheimlichen Autoren«.
www.christian-engelken.de

Peter-Michael Fritsch

1950 in Berlin geboren, Studium der Volkswirtschaft. Lektor und
Autor von Sachbüchern zur Wirtschaftskriminalität bis 1992,
danach Redakteur von Fachzeitschriften, jetzt freiberuflich tätig.
Seit längerem gelegentliche Gedichtveröffentlichungen. In einer
Neuauflage erscheint 2013 sein Sachbuch »Treuhand-Poker« bei
Rotbuch, und zwar unter seinem echten Namen und nicht mehr
unter seinem Pseudonym Martin Flug.

Andreas Glanz

1979 in Stollberg/Erzgebirge geboren, Studium der Sozi-
alpädagogik in Breitenbrunn, heute Leiter einer Kinder-
einrichtung in Aue, wohnt in Schwarzenberg-Bermsgrün.
Buchdebüt 2005 mit »Träume und Realität. Poetische Tex-
te«. Seitdem zahlreiche Veröffentlichungen in Anthologien,
u. a. in »Wortbeben. Komische Gedichte« (Lerato 2007).
Zudem Herausgeber des Kochbuches »Essen im Schulpro-
jekt. Mit vollem Bauch lernt es sich besser« (Cenarius 2009).
http://home.arcor.de/silverud/buch/

Helmut Glatz

1939 in Eger geboren. Studium der Pädagogik und Psycholo-
gie in Augsburg und München. Lehrer, Rektor i. R. Schreibt
Kinderbücher und phantastische Geschichten für Erwach-
sene, Theaterstücke für Schulen, Marionettenspiele u. a.
Derzeit Spielleiter des Marionettentheaters »Am Schnürl« in

Kaufering. Gründer und Organisator des Landsberger Autorenkreises. Letzte Veröffentlichungen: »Der Gesichtsverkäufer. 58 Charaktere« (Nonsensgeschichten, BoD 2010), »Wanderer in Schattenwelten« (phantastische Geschichten, Wißner 2007) und »Kennen Sie Nathalie Rülps« (heiter-satirische Gedichte, Wolfgang Hager Verlag 2007).
www.landsberger-autorenkreis.de

Josef Hader
1962 in Linz an der Donau geboren, lebt in Naarn im Machlande (Oberösterreich). Nach dem Abitur an einer Höheren Technischen Lehranstalt absolvierte er ein Studium der Betriebswirtschaftslehre in Linz. Neben der beruflichen Tätigkeit als Unternehmensberater schreibt er spitze Gedichte, mit denen er möglichst viele Smileys in den grauen Alltag ritzen möchte. Immer häufiger bedient er sich auch der komischen Kurzprosa, um Gott und der Welt auf den Zahn zu fühlen. Haders Texte sind in zahlreichen Anthologien und Zeitschriften erschienen. 2010 ist mit »Rolle du Knolle« (Steinmeier) sein erster Gedichtband herausgekommen. Er liegt bereits in der 2. Auflage vor. Der Lyriker Josef Hader ist der Cousin des gleichnamigen bekannten Wiener Kabarettisten und Schauspielers.

Gabi Hoeltzenbein
1951 in Hervest-Dorsten geboren, lebt in Oldenburg. Durch den Klavierunterricht bei einem literarisch und philosophisch interessierten Musikpädagogen wurde bei ihr schon früh die Liebe zur Lyrik geweckt. Nach dem Abitur Studium der Medizin in Münster, Schwerpunkt Kinderheilkunde. Arbeitete bis 2011 als Ärztin. Der Musik blieb Hoeltzenbein u. a. als ne-

benamtliche Kirchenmusikerin treu. Ab 2002 schrieb sie die Reihe »Gesundheitserziehung in der Grundschule mit Fipsi & Maxi« (Auer). 2012 beteiligte sie sich mit einer Lyrik-Installation am »LyrikPark Hildesheim«. Im Rahmen des Jokers-Lyrik-Preis-Wettbewerbs 2012 wurde sie mit einem Gedicht in den »Wochenkalender 2013« aufgenommen.

Johannes Hülstrung

1993 in Hagen/Westfalen geboren, absolvierte im Jahr 2012 ebenda das Abitur. Studiert Rechtswissenschaft in Münster. Liebt das Schreiben und das Lesen. Spielt außerdem Klavier und Gitarre, komponiert und textet Songs. Nahm in den Jahren 2007 bis 2009 am Workshop »Kreatives Schreiben« des Westfälischen Literaturbüros Unna teil. Belegte Ende 2011 mit seinem Essay »Die Aufgabe eines Königs« den 1. Platz im Regierungsbezirk Arnsberg beim Bundes- und Landeswettbewerb Philosophischer Essay. Beim Daniil Pashkoff Prize 2012 des Writers Ink. e. V. erreichte er mit seinem Gedicht »Ice Cream At The Horizon« in seiner Altersklasse den 2. Platz. Hülstrung veröffentlichte bereits mehrere Kurzgeschichten und Gedichte in Anthologien und Literaturzeitschriften.

Michael Hüttenberger

Geboren 1955 in Offenbach, lebt in Stedesdorf (Ostfriesland). Studium der Pädagogik, Politik, Germanistik und Soziologie, Promotion. Mitglied im »Zentrum junge Literatur« in Darmstadt, im Arbeitskreis Ostfriesischer Autorinnen und Autoren und im VS. Schreibt Glossen (unter diversen Pseudonymen), Lyrik und Kurzprosa. Seine Grimmschen Märchenverdichtungen sind inzwischen im Fahrgastfern-

sehen zu sehen oder an den Bushaltestellen der Brüder-Grimm-Stadt Hanau nachzulesen. Veröffentlichungen in Literaturzeitschriften und Anthologien, u. a. in »Wortbeben. Komische Gedichte« (Lerato 2007), »Jahrbuch der Lyrik 2011« (DVA 2011) sowie »ihlowsionen. Geschichten und Gedichte aus der Klosterstätte ›Stille Räume Ihlow‹« (Soltau Kurier Norden 2012). 1. Preis Science-City-Slam Darmstadt 2007, Stockstädter Literaturpreis 2012. Letzte Buchveröffentlichung: »Ostfriesische Perspektiven. Lyrik und Prosa« (Druckwerkstatt Kollektiv Verlag 2012).
www.michaelhuettenberger.de

Karin Jacob

1980 in München geboren, wo sie Germanistik studierte und heute noch lebt. Schreibt vorwiegend Lyrik und fantastische Kurzgeschichten. 50 Gedichte veröffentlicht in ihrem Lyrikband »Gerupfte Engel« (WortKuss 2010), fotografisch illustriert von Simone Edelberg. Außerdem etliche Kurzgeschichten in Anthologien, u. a. in »Dark Vampire« des Geisterspiegels (Romantruhe 2010), in »Spukhaus zu verkaufen« der Edition Geschichtenweber (WortKuss 2010) sowie in »Grotesk!« (Candela 2012). Zweiter Platz bei der Storyolympiade 2012. Mitherausgeberin und Mitautorin der Sammlung »Die Welt im Wasserglas« (WortKuss 2011).
www.lyramada.de

Gunda Jaron

1960 in Hannover geboren, gelernte Fremdsprachenkorrespondentin, schreibt seit 30 Jahren Gedichte, bis 2007 aber nur sporadisch und mehr für private Anlässe, wie Geburtstage oder Hochzeitsjubiläen. Die Entdeckung diverser Lyrikforen hat sie dann dazu bewogen, auch Gedichte zu verfassen, aus denen nicht nur das reale Ich spricht, sondern auch mal das LyrIch. Kurzgeschichten – meist humoriger Art – fließen ihr seitdem ebenfalls vom Hirn über die Fingerspitzen in die Tastatur. Wohnt mit Mann und Kind in Sehnde, einer Kleinstadt in der Region Hannover. Bislang mehrere Veröffentlichungen in diversen Anthologien. **http://gunda.mystorys.de**

Jiri Kandeler

Geboren 1968 in Berlin, dort aufgewachsen und bis heute dort lebend. Diplom-Politologe und freier Autor. Zurzeit tätig als Geschäftsführer eines freien Trägers der Jugendhilfe in Berlin mit mehreren Kindertagesstätten. Seit einiger Zeit auch Dichter. Diverse pädagogische Fachpublikationen, ein Kinderbuch sowie gelegentlich Publikation von Gedichten. U. a. sind von Kandeler erschienen: »Kinder lernen Umwelt schützen. Handbuch für Umweltpädagogik in Kindergarten und Grundschule« (Natur+Umwelt Verlag, BUND 2005), »Rettet die Schneemänner« (umweltpädagogisches Kinderbuch über den Klimawandel, Pendo 2007, ins Koreanische übersetzt 2009), diverse Gedichte in »Exot. Zeitschrift für komische Literatur« (Ausgabe 14, Satyr 2012).

Margarete Karetta

Geboren 1953 in Graz, Studium der Medizin in Graz und Wien, wissenschaftliche Mitarbeiterin an der Uni Wien, lebt im Mittelburgenland, Veröffentlichungen in Literaturzeitschriften (z. B. in »etcetera« Nr. 48, Mai 2012) und Anthologien (z. B. in »Grotesk!«, Candela 2011), diverse Preise (z. B. Debütpreis Poetenladen 2006), 2013 erscheint ihr erster Kriminalroman bei Michason & May.

Steve Kußin

1984 in Görlitz geboren, bald Studium diverser Sozialwissenschaften in Jena aufgenommen und im März 2013 beendet. Großer Theaterfreund, mehrfach Regie-, Autoren- und Schauspieltätigkeiten bei studentischen Jenaer Theatergruppen, heute Vorstandsmitglied im Freie Bühne Jena e. V. und Auftritte mit der Improvisationstheatergruppe »Rababakomplott«. Initiator des Jenaer Autorenensembles »Lichtkegel«, Veröffentlichungen in Literaturzeitschriften und Anthologien, u. a. in »Grotesk!« (Candela 2011), Eobanus-Hessus-Preis 2011 für »Die Trägheit des Herzens«. **www.steve-kussin.de**

Elvira Lauscher

1965 in Ulm geboren, wo sie heute als Journalistin und Schriftstellerin lebt und arbeitet. Zahlreiche literarische Veröffentlichungen in Anthologien und im Hörbuchformat. Gedichte u. a. in der Schweizer Literaturzeitschrift »Orte« und deren »Poesie Agenda« sowie im »Deutschen Lyrikkalender« und der Anthologie »Wortbeben. Komische Gedichte« (Lerato 2007). Derzeit mit Jörg Neugebauer mit einem gemeinsamen Performanceprogramm mehrere Auftritte pro Jahr (www.wortkunstlauf.de). 2010 erschien von Lauscher ein literarisches Kochbuch (»Unser Kochbuch der 70er Jahre«), 2011 das Buch »Ulm im Wandel« (beide Wartberg) und 2012 das Grundschulbüchlein »Die Kätzchen am Bach« (Doreen Fant Verlag). **www.elvira-lauscher.de**

Johannes Lotz

1975 geboren in Saarbrücken, lebt und arbeitet als freischaffender Künstler in München. Studium der Freien Bildenden Kunst und Kunsttherapie an den Akademien in Mainz,

Montpellier und München. Seit Jahren parallel zur Malerei und Musik Lyrik und Prosa. Zahlreiche Ausstellungen bundesweit in Galerien und Institutionen, Ausstellungskataloge, Künstlerbücher. 2011 Lehrauftrag an der Hochschule für Bildende Künste Saar. Sänger und Texter des Musikduos »Erlen«. **www.siebenachtneun.de**

Janina Mann

1996 in Gelnhausen geboren, Besuch eines Gymnasiums bei Hanau. Lebt gemeinsam mit zwei Katern im Hanauer Raum. Schon seit der frühen Kindheit besonderes Interesse an Literatur, Schauspiel und Theater.

Susanne Mathies

1953 in Hamburg geboren, studierte zuerst Betriebswirtschaft, dann Philosophie und lebt jetzt als Unternehmensberaterin in Zürich. Sie schreibt auf Deutsch und Englisch und hat bisher Gedichte und psychologische Kurzgeschichten in verschiedenen Online-Magazinen und Anthologien veröffentlicht und damit verschiedentlich auch Preise gewonnen. Im Juni 2012 erschien ihr Krimi »Taubenblut in Oerlikon« (orte-Verlag). **http://die-aus-zuerich.ch/mediawiki/index.php/Susanne_Mathies**

Karsten Paul

1970 im Allgäu geboren, dort aufgewachsen. In München Studium der Germanistik bis zur Zwischenprüfung, dann Fachwechsel zur Psychologie und damit einhergehend unfreiwilliger Umzug nach Gießen. Promotion in Nürnberg, anschließend Habilitation. Zwischendurch Vertretungsprofessur für Organisationspsychologie in Bamberg. Derzeit als Dozent für Wirtschafts- und Sozialpsychologie an der Universität Erlangen-Nürnberg tätig. Zahlreiche Veröffentlichungen in englisch- und deutschsprachigen Fachzeitschriften und -büchern. Begeisterung für Lyrik seit der Jugend. Veröffentlichung von Gedichten in Literaturzeitschriften.

Gabriel Pfeifer

Geboren 1964 in Dillingen/Saar. Einige Jahre seiner Kindheit verbrachte er in Frankreich. Im Künstlerischen hauptsächlich Autodidakt, aber auch vom Gaststudium der Germanistik und der Anglistik an der Universität des Saarlandes beeinflusst. Inspirationsquellen sind zudem seine Reisen in den Nahen Osten und die USA. Im Bürgerlich-Beruflichen ist Gabriel Calvin Pfeifer Informatikkaufmann und hat zudem eine Studium der Bildungswissenschaften an der Fernuniversität Hagen vorzuweisen. Seine Gedichte sind mal melancholisch, mal witzig, oft beinhalten sie Kritik an Gesellschaft und Politik.

Jan C. Rauschmeier

1978 in Köln – op d'r Schäl Sick – geboren. Aufgewachsen im ländlicheren Umfeld, in einem Dorf jenseits der Stadtgrenze. Wohnt inzwischen jedoch seit Jahren inmitten der Metropole. Eine urbane Szenerie bildet darum auch oftmals den Hintergrund seiner Texte. Im Fokus steht bei ihnen zumeist das Verhalten der Protagonisten sowie ihr teils eigenwilliger Umgang mit Problematiken. Rauschmeier verfasst Lyrik und Erzählungen unterschiedlicher Art, häufig angereichert mit einem Hauch des Fantastischen. Jüngste Veröffentlichung: drei Prosatexte und fünf Gedichte in »Liebe Laster Leben« (hg. v. Sabine Brandl, muc Verlag 2012). **www.jancrauschmeier.de**

Wolfgang Rödig

Geboren in Straubing, aufgewachsen und noch immer wohnhaft in Mitterfels (Niederbayern). Nach handwerklicher sowie kaufmännischer Ausbildung verspätetes Fachabitur. Sporadisch literarisch tätig seit 1986. Verfasst sich reimende Gedichte, Ungereimtes und manchmal sogar kurze Prosa. Seit 2003 zahlreiche Beiträge in Anthologien. Seit 2007 Veröffentlichung von acht verständlicherweise völlig unbeachteten eigenen Büchern mit großenteils satirischem Inhalt.

Hermann Ruf

1941 in Karlsdorf geboren, in Karlsruhe aufgewachsen. BWL-Studium in Pforzheim. Vor langer Zeit als Personalleiter in Freudenstadt und als Wirtschaftslehrer in Baden-Baden tätig. Einer der Autoren des Romans »Casino Rosental« (fhl Verlag 2008). Gewinner Poet's Corner, Bücherfest Tübingen 2011. Lyrik-Lesungen, u. a. in Oberkirch, Literaturtage Baden-Württemberg 2011.

Armin Schmidt

1940 in Bad Münstereifel geboren. Studium der Biologie und Erdkunde in Bonn, Lehrer am Gymnasium bis zur Pensionierung. Theaterpädagoge, arbeitet zurzeit vor allem mit Grundschulkindern. Wohnhaft in Swisttal (NRW). Seit 2004 schreibt Schmidt Gedichte und Kurzgeschichten, die in zahlreichen Anthologien veröffentlicht wurden. Stand 2008 in der Endrunde des Wiener Literaturwettbewerbs »Duft des Doppelpunkts« und war im folgenden Wettbewerb als Tutor tätig. Aus dieser Arbeit ging sein erstes Buch hervor: »Die Spargelstecherin« (zusammen mit Marinus Münster). Moderationstätigkeit in literarischen Internetforen. **www.ma-rinus-muenster.de/de/spargelstecherin/armin-schmidt**

Andreas Schumacher

1981 in Bietigheim-Bissingen geboren, studierte Literatur in Stuttgart und lebt in Walheim. 2007 erschien sein Gedichtband »Herr der Möhren« (Steinmeier). Gewann den Lyrikpreis »Hochstadter Stier« 2010. Veröffentlichungen von Lyrik und Prosa in Zeitschriften und Anthologien, z. B. in »Exot. Zeitschrift für komische Literatur«, »Das Gedicht«, »Der deutsche Lyrikkalender 2010«.
www.andreasschumacherinfo.de

Elisabeth Schwaha

1953 in Wien geboren und immer noch da lebend. Dipl.-Kinderkrankenschwester, EDV-Organisatorin. Seit 2011 Teilnahme am Lehrgang für Literarisches Schreiben am Institut für Narrative Kunst in Wien. Schreibt Märchen, Gedichte, Kurzgeschichten. Veröffentlichungen: »Urschl Untam in Midgard« (Märchenroman, Sperling 2011). Erster Preis bei der Ausschreibung »Orientalische Märchen« für »Das Herz eines Zauberers« (Sperling 2011). Märchen und Gedichte in diversen Anthologien. Lesungen in Österreich und Deutschland, u. a. auf den Paderborner Literaturtagen 2012.

Barbara Siwik

Geboren 1939 in Liegnitz (Schlesien). Von 1958 bis 1961 sozialpädagogisches Fachschulstudium in Berlin, danach Tätigkeit als Erzieherin; von 1973 bis 1977 bibliothekarisches Fachhochschulstudium in Leipzig, danach Bibliothekarin; von 1990 bis 2000 Bibliotheksleiterin in Merseburg; anschließend Ruhestand. Siwik schreibt Lyrik und Prosa, kann zahlreiche Veröffentlichungen nachweisen. Neben eigenständigen Titeln, wie »Das Erbe des Casparius« (Jugendbuch, fhl-Verlag 2010) und »High-matt-Land« (zus. m. Wolfgang Reuter, satirische Gedichte, Schmöker-Verlag 2007) Publikationen in Literarturzeitschriften und Anthologien, wie »Wortbeben. Komische Gedichte« (Lerato 2007).

Martin Stauder
1958 in Göttingen geboren und aufgewachsen. Nach der Schulzeit (Realschule) Ausbildung zum Musikalienhändler. Seit 1988 wohnhaft in Regensburg. 1990 Umschulung zum exam. Krankenpfleger. Seit zehn Jahren intensive Beschäftigung mit dem Schreiben in Autorenforen im Internet, Autodidakt mit Schwerpunkt auf Kurzgeschichten und Gedichten. Erste Veröffentlichung: die Erzählung »Der Brief«, erschienen 2012 in der Anthologie »Hartz IV. Ein Totmacher« (Acheron). Weitere literarische Texte in: »LeseBlüten Weihnachtszauber 2012« (Piepmatz).
www.martinstauder.de

Jochen Stüsser-Simpson
1950 in Bonn geboren, dort auch aufgewachsen, Studium der Philosophie und Germanistik, lebt und arbeitet in Hamburg-Altona (tätig als Lehrer und Koordinator im Gymnasium Christianeum) und Mecklenburg, begeisterter Leser, schreibt gern: vor der Jahrtausendwende meist Sachtexte, z. B. zur Literaturdidaktik (Rowohlt, AOL-Verlag etc.), im Rahmen von Literaturprojekten (vergl. www.richard-dehmel.de), als Autor und Herausgeber zu Peter Weiss'

Epochen-Roman »Die Ästhetik des Widerstands«. Nach 2000 zunehmend literarische Texte, meist Lyrix und schräge Kurzprosa, veröffentlicht in Zeitschriften, Anthologien, dazu im RBB und im Jahreskalender 2010 des Bio-Verlags. Bei Candela veröffentlicht: »Schwarzes Schaf« in »Cruor. Geschichten von Blut und Mord« (2011).

Dirk H. Wendt
1939 im norddeutschen Oldenburg geboren, dort aufgewachsen und verwurzelt. Lebt und arbeitet heute in Dietzenbach-Steinberg nahe Frankfurt am Main. Nach Studium und Diplom an der Staatlichen Akademie für Wirtschaftswerbung in Berlin Tätigkeit in namhaften Werbeagenturen als Werbetexter und Creative Director, seit 1970 als solcher selbständig. Zahlreiche Unternehmens-, Vereins- und Fachzeitschriften-Publikationen und satirische Beiträge. Früh zeigte sich bei Wendt die Freude am Spiel mit Worten und an der »Versolophie«, wie er seine Gedichtesammlung heute nennt, die er mit eigenen digitalen Aquarellen illustriert.
www.wendt-cc.mygall.net - »Illustrierte Gedichte«

Bärbel Wolfmeier
Geboren in Deutschlands nördlichster Stadt 1966, pubertierte auf dem Lande in den knalligen 70ern, überlebte den Popper- und Punkerhype der 80er unbeschadet. Nach ihrer Schulzeit in Schafflund und Ausbildung zur Zahnarzthelferin verschlug es sie für ein Jahr in die USA. Seit dem letzten Millennium lebt sie mit Mann, Kindern und Kaninchen in der Kohlkammer Dithmarschen. Da das Bügeln von hellblauen Oberhemden und das Erlernen der richtigen Falttechnik für Spannbettlaken zwar von existenzieller Bedeutung,

doch mit minimaler Nutzung der Hirnkapazität verbunden ist, schreibt die Hausfrau und Mutter zur Stimulierung der Synapsen und als Ausdruck ihrer Eindrücke Gedichte und Kurzprosa. Ihre Texte trägt Wolfmeier auf Lesungen oder Poetry-Slams vor und veröffentlicht sie in Anthologien.

www.baerbelwolfmeier.jimdo.com

Inhaltsverzeichnis